신의 사랑에 관한 무질서한 생각들

Pensées sans ordre concernant l'amour de Dieu

Pensées sans ordre concernant l'amour de Dieu by Simone Weil

옮긴이 이종영
파리8대학 정치사회학-정치인류학 박사. 『내면으로』, 『영혼의 슬픔』, 『마음과 세계』 등의 저서가 있고 『에크리』(공역) 등의 번역서가 있습니다.

신의 사랑에 관한 무질서한 생각들

저자 | 시몬 베유 Simone Weil
옮긴이 | 이종영
펴낸이 | 조형준
펴낸곳 | (주)새물결
1판 인쇄 | 2021년 11월 15일
1판 발행 | 2021년 11월 30일
등록 | 서울 제15-52호(1989.11.9)
주소 | 서울시 강남구 학동로 335 10층(다른타워 빌딩)
전화 | (편집부) 02-3141-8696 (영업부) 02-3141-8697
이메일 | saemulgyul@gmail.com
ISBN 978-89-5559-437-9

이 책의 저작권은 (주)새물결에 있습니다.
신저작권법에 의해 보호를 받는 저작물이므로 무단 전재와 복제를 금합니다.

신의 사랑에 관한 무질서한 생각들

Pensées sans ordre concernant l'amour de Dieu

시몬 베유 Simone Weil | 이종영 옮김

NOUVELLE VAGUE

5

차례

옮긴이 서문 **7**

1장 신의 사랑에 관한 무질서한 생각들(1942년 4월, 마르세유) **13**

2장 신의 사랑에 대한 무질서한 성찰들(1942년 4월, 마르세유) **23**

3장 조에 부스케에게 보낸 편지(1942년 5월, 마르세유) **37**

4장 개인성과 성스러움(1943년, 런던) **55**

5장 데오다 로셰에게 보낸 편지(1941년 1월, 마르세유) **101**

6장 옥시타니아적 영감이란 어떤 것일까(1942년 3월, 마르세유) **109**

7장 가치의 개념을 둘러싼 몇 가지 성찰(1941년 1~2월, 마르세유) **129**

8장 모든 정당의 폐기에 대한 노트(1943년, 런던) **145**

시몬 베유 연보 **175**

일러두기

1. 이 책의 각주는 모두 옮긴이 주이고, 각각의 주에서 밝혀놓았듯이 『전집』 편집자의 주를 많이 참조했습니다.
2. 단행본이나 학술지, 잡지는 『 』로, 논문과 시, 단편소설은 「 」로 표시했습니다.

옮긴이 서문

시몬 베유가 1940년대에 쓴 글들 가운데, 이미 번역돼 있는 것들을 제외하고, 제가 좋아하는 글들을 골라 옮겨보았습니다. 시몬 베유는 1938년에 신비체험을 합니다. 그래서 그 이후의 글들은 신학적인 것들이 많고, 신학적인 내용의 것이 아니더라도 신학적 관점이 투영된 것들이 많습니다.

앞의 네 편의 글은 신학적인 글들입니다. 이 글들은 신에 가닿는 것이 어떠한 것인지, 그 통로는 어떤 것들인지, 가짜 신에게 사랑을 주지 않으려면 어떻게 해야 하는지 등등을 말해주고 있습니다. 저는 이 네 편의 글 곳곳에서 언제나 보석처럼 빛나는 것들을 마주치고 거듭 감동을 받습니다.

다섯 번째, 여섯 번째 글은 중세 남프랑스의 카타리즘과 관련된 글들입니다. 저는 카타리즘에서 그리스도교의 보다 순수하고 평화로운 비非이데올로기적 형태를 보기 때문에 이 글들을 옮겼습니다. 베유는 이 글들에서 카타리즘을 자신의 철학사적 관점에 편입시키지만, 카타리즘 자체에 대해선 본격적 논의를 펼치지 못합니다.

일곱 번째 글은 철학적 성찰이란 어떤 것인지를 다룹니다. 하지만 철학적 성찰은 "모든 가치에서 예외 없이 빠져나오기"를 요구하고 그런 "빠져나오기는 일종의 기적"이라고 하고 있듯이, 신학적 관점이 전제가 된 글입니다.

여덟 번째 글은 베유가 드골이 이끄는 망명 정부의 기안자起案者로 일할 때 전후 프랑스의 재건을 구상하며 쓴 글입니다. 이 글에서 베유는 정당이 만들어내는 집합적 정념에 사람들이 빠져들 수밖에 없는 진퇴양난의 상황들을 제시하고, 정당은 진실의 조건들을 파괴하는 악이기 때문에 폐기해야 한다고 합니다. 이 글 또한 정치학적인 글처럼 보이지만 신학적 관점이 배후에 깔려 있습니다.

'암므âme'는 맥락에 따라 '마음' 또는 '영혼'으로 옮겼습니다. '에스프리esprit'는 일반적으로 '정신'으로 옮겼지만, 간혹 어쩔 수 없이 '마음'으로도 옮겼습니다. '스피리튀엘spirituel'은 '정신적' 또는 '영적'으로 옮겼습니다.

여덟 편의 글을 모두 경어체로 옮겼습니다. 첫째로는, 제가 몇 년 전부터 새로운 인식이나 문제 제기를 전달하는 논문은 다른 어떤 글들보다도 소통을 전제로 하기 때문에 경어체로 쓰는 게 올바르다고 여기고 있기 때문입니다. 둘째로는, 존댓말과 반말의 구분이 없는 프랑스어는 경우에 따라 존댓말로도 반말로도 옮길 수 있기 때문입니다. 셋째로는, "무無에의 동의로서의 무한한 겸손"을 부단히 강조했던 1940년대의 베유가 이 글들을 썼을 때의 자세는 경어체를 사용하는 자세였다고 여겼기 때문입니다.

정성을 기울여 번역하려 했지만, 번역에 많은 잘못이 있을까 두렵습니다.

이 책의 원고를 기꺼이 받아주신 새물결 출판사의 조형준 대표님과 홍미옥 님께 고마운 마음과 함께 오랜 우정의 인사를 드립니다.

2021년 9월

1
신의 사랑에 관한 무질서한 생각들

Pensées sans ordre concernant l'amour de Dieu

1942년 4월 말에 쓴 미발표 원고로, 뒤에 실린 「신의 사랑에 대한 무질서한 성찰들」에 이어지는 글입니다. 『전집』 IV-1권과, 같은 제목의 문고판 (Gallimard, coll. folio, 2013)에 실려 있습니다.

1

　신을 믿는 건 우리에게 달린 일이 아닙니다. 우리가 할 수 있는 건 다만 가짜 신에게 사랑을 주지 않는 것입니다. 첫째로, 미래를 선善으로 채워 넣을 수 있는 장소라고 믿어선 안 됩니다. 미래는 현재와 똑같은 직물로 짜여 있기 때문이지요. 사람들은 잘 알고 있습니다. 우리는 지금 갖고 있는 재화, 부, 권력, 평판, 지식들, 사랑하는 사람들이 주는 사랑, 그들의 번영으로 결코 만족할 수 없다는 것을요. 하지만 사람들은 믿습니다. 언젠가 좀 더 많이 갖게 되면 만족하리라고요. 그런데 그처럼 믿는 것은 자신을 속이는 것입니다. 그에 대해 잠깐만이라도 진짜로 생각을 해보면, 그것이 거짓임을 알 수밖에 없습니다. 또 우리는 병이나 가난이나 불행으로 고통 받을 때면, 그것들이 멈추면 만족하리라고 생각합니다. 하지만 우리는 압니다. 그 또한 거짓임을. 고통이 없는 상태에 익숙해지면 다시 다른 것을 원하게 될 것임을. 둘째로, 필요를 선善과 혼동하면 안 됩니다. 살기 위해 필요하다고 우리가 믿는 많은 게 있습니다. 하지만 이 믿음은 거짓입니다. 그것들 없이도 살 수 있기 때문이지요. 만일 그 믿음이 진짜더라도, 그것들이 없으면 죽거나 생명의 에너지를 상실할 수 있더라도, 그것들이 선善일 수는 없습니다. 누구든 그저 사는 것에 오래도록 만족하진 않기 때문입니다. 사람들은 언제나 다른 걸 바랍니다. 사람들은 언제나 무언가를 위해 살고 싶어 합니다. 하지만 여기 이곳엔 우리가 그것을 위해 살아야 하는 그 무엇이 전혀 없음을 알려면, 자신을 속이지 않으면 됩니다. 성취한 모든 욕망을 떠올려보면 됩니다. 조금만 지나면 우리는 만족하지 못할 것입니다. 그래서 우리는 이내 다른 걸 원할 겁니다. 또는 무엇을 원할지 몰라 불행해질 겁니다.

이 진실에 주의를 기울일지 말지는 각자에게 달렸습니다.

이를테면 혁명가들은, 스스로를 속이지 않는다면, 혁명의 완수가 그들을 불행하게 하리라는 것을 잘 알 겁니다. 살 이유를 잃게 될 것이니 말입니다. 다른 모든 욕망들도 마찬가집니다.

사람들에게 주어진 삶이라는 것은 거짓말을 통해서만 지탱될 수 있습니다. 거짓말을 거부하고 삶이 참을 수 없는 것임을 알기를 선호하는 사람은, 그렇다고 운명에 저항하지도 않으면서, 바깥에서부터, 즉 시간의 바깥에 위치한 어떤 곳으로부터, 있는 그대로의 삶을 수용하게 해주는 무엇인가를 받아들이기에 이릅니다.

사람은 모두 악을 느끼고 두려워하고 벗어나길 원합니다. 악은 고통도 아니고 죄도 아닙니다. 악은 그 둘 모두이거나, 그 둘에 공통되는 어떤 것입니다. 그 둘은 연결되기 때문입니다. 죄는 고통을 주고, 고통은 더 나쁘게 만듭니다. 고통과 죄의 이런 분리될 수 없는 뒤섞임이 악입니다. 우린 자신의 뜻과는 달리 악 속에 있고, 자신이 악 속에 있음에 대해 질겁합니다.

우리는 주시하거나 욕망하는 대상들에게 우리 안에 있는 악의 일부를 떠넘깁니다. 그러면 대상들은 그 악을 우리에게 다시 되돌려 보냅니다. 그 악이 그 대상들 안에서 생겨난 것처럼 말입니다. 악이 우리를 삼킨 장소들을 우리가 증오하고 혐오하는 건 그런 연유에서입니다. 우리는 그 장소들 자체가 우리를 악 속에 가둔 것처럼 여깁니다. 그래서 환자들은 그들의 방이나 주변을 미워합니다. 심지어 그들이 사랑하는 존재들이 그 주변을 채우고 있더라도 말입니다. 이를테면 노동자들이 종종 그들의 공장을 미워하는 것과 같은 방식으로 말입니다.

그런데 우리가 주시나 욕망을 통해 악의 일부를 완전히 순수한 어떤 사물에 떠넘겨도, 완전히 순수한 것은 전염되지 않습니다. 완전히 순수한 사물은 순수하게 머물고, 우리에게 악을 되돌려 보내지 않습니다. 그러면 우리는 그 악에서 벗어납니다.

우리는 유한하고, 우리 안의 악들도 유한합니다. 그럼에도 사람의 삶이 충분히 오래 지속된다면, 우리는 바로 이런 방법을 통해 언젠가 모든 악에서 완전히 벗어날 것입니다. 이 세계 속에서조차 말입니다.

주기도문을 이루는 말들은 완전하게 순수합니다. 우리가 주기도문을 아무런 다른 의도 없이, 가능한 모든 주의를 기울여 암송한다고 해봅시다. 그러면 우리는 완전히 확신할 수 있습니다. 바로 그 방법을 통해 우리가, 아무리 작더라도 부분적으로나마 악에서 빠져나왔음을 말입니다. 그리스도가 거기 있다는 생각 말고는 다른 아무런 생각 없이 성체를 바라볼 때도 마찬가집니다. 이런 식으로 그런 일들이 벌어지지요.

이 세계에 순수한 것이 있다면 오로지 다음의 것들일 것입니다. 성스런 사물들이나 텍스트들, 환상을 투사하지 않고 있는 그대로 바라볼 때의 자연의 아름다움. 그리고 좀 더 낮은 수준에선, 신이 머무는 사람들 그리고 신적 영감에서 생겨난 예술작품들.

완전히 순수한 것은 여기 이곳에 현존하는 신 이외의 다른 것일 수 없습니다. 만일 그것이 신이 아니라면 결코 순수할 수 없겠지요. 만일 신이 현존하지 않는다면, 우리는 구원받을 수 없습니다. 순수함과 그렇게 접촉한 마음속에선, 자신의 악에 대한 모든 두려움이 신적인 순수함에 대한 사랑으로 변합니다. 그런 과정을 거쳐 막달라 마리아나 선한 도둑은 사랑의 수혜자가 될 수 있었던 것이지요.

두려움이 사랑으로 변하는 이 과정에 대한 유일한 장애물은 자기 사랑입니다. 자기 사랑은 자신의 더러움이 순수함과 만나는 일을 고통스럽게 만듭니다. 그것을 이겨낼 수 있는 길은 다음 방법뿐입니다. 즉 자신의 더러움에 대해 별 신경을 쓰지 않는 것이지요. 자신이 어떻든 간에, 순수한 무언가가 존재한다는 생각만으로 기뻐하는 것이지요.

순수함과의 접촉은 악을 변화시킵니다. 고통과 죄의 분리될 수 없는 결합은 오직 이를 통해서만 해체될 수 있습니다. 순수함과의 접촉으로 인해, 고통은 서서히 죄에서 떨어져 나옵니다. 다른 한편, 죄는 단순한 고통으로 변합니다. 우린 이런 초차연적 작용을 회개라 칭하지요. 그러면 기쁨이 우리가 지닌 악에 빛을 비춥니다.

완전히 순수한 어떤 존재가 지상에 있는 것만으로도 충분했습니다. 세상의 모든 죄를 짊어진 신의 어린 양일 수 있기 위해서 말입니다. 그를 둘러싼 악의 최대치가 고통의 형태로 그에게 집중될 수 있기 위해서 말입니다.

그는 그가 그 속에서 현존했던 완전히 순수한 것들을 자신에 대한 기억으로 남겼습니다. 그러지 않았다면, 그것들의 순수함은 악과 접촉한 끝에 고갈되어버렸을 것입니다.

그런데 우리가 지속적으로 교회 안에만 머무는 것은 아니지요. 그래서 다음과 같은 초자연적인 일이 특별히 필요합니다. 악을 자기 밖으로 내보내는 일이 일상생활의 장소들, 특히 노동의 장소들에서 완수되는 것 말입니다.

하지만 그것은 일상생활과 노동의 정황들 속에서 신적 진실들을 읽어내는 상징적 독해를 행할 수 있을 때만 가능합니다. 편지의 문장들을 읽듯 말입니다. 상징들은 자의적인 것일 수 없습니다. 상징들은 씌어져 있어야 합니다. 사물들의 본성에 새겨진 은총의 효과로서. 복음서의 비유들은 그런 상징성의 예들입니다.

실제로 감성적[물질적] 세계의 질서를 이루는 기계적 관계들과 신적 진실들 사이엔 유비관계가 있습니다. 땅 위에서 질료의 운동을 완전히 지배하는 중력은 우리 마음의 성향들을 지배하는 육체적 애착의 이미지입니다. 반면, 중력을 이기는 유일한 힘은 태양 에너지이지요. 지상에 내려온 태양 에너지가 식물들을 밑에서 위로, 수직으로 자라게 하듯이 말입니다. 먹는 행위를 통해 이 에너지는 동물들 안으로, 우리 안으로 들어옵니다. 그래서 우리를 똑바로 설 수 있게 해주고, 짐을 들어 올리게 해주지요. 수력水力, 석탄 그리고 아마도 석유 같은 기계적 에너지의 모든 원천들도 태양 에너지에서 비롯됩니다. 즉 태양은 새들을 날게 하듯 모터를 돌려 비행기를 날게 합니다. 하지만 우리는 이 태양 에너지를 찾으러 갈 수 없습니다. 우리는 단지 그것을 받을 수만 있을 뿐이지요. 그저 그것이 내려오는 것입니다. 그래서 식물들 속으로 들어가고, 땅의 어둠속에 묻힌 씨앗들과 함께 합니다. 즉 태양 에너지는 땅의 어둠속에서 풍요로운 수태 능력을 발휘해서 곡물이나 나무가 아래로부터 위로 솟아오르게 하지요. 태양 에너지는 심지어 죽은 나무나 대들보도 곧게 지탱시켜 줍니다. 결국 우리는 태양 에너지와 함께 우리의 거처를 짓는 것입니다. 그러므로 태양 에너지는 은총의 이미지를 갖습니다. 우리의 나쁜 마음의 어둠속에 스며들어 유일한 에너지 원천을 이루고, 그래서 심리적 중력에, 악의 끌림에 맞서는 은총의 이미지 말입니다.

　농부의 일은 태양 에너지를 찾아나서는 것도, 붙잡는 것도 아닙니다. 다만 태양 에너지를 붙잡아 우리에게 넘겨주는 식물들이 가능한 최적의 조건에서 그것을 섭취하도록 돕는 것일 뿐이지요. 그 일에 농부가 들이는 힘은 자신에게서가 아니라 음식물이 제공한 에너지에서 나오는 것입니다. 즉 식물들과 그걸 먹은 동물들의 살에 담긴 태양 에너지에서 비롯되는 것이지요. 마찬가지로 우리가 선善을 위해 할 수 있는 유일한 일은 은총을 받을 수 있게 마음을 준비시키는 것입니다. 이

유일한 일에 필요한 에너지 또한 은총이 우리에게 가져다주는 것이지요.
　언제나 농부는 신과 만물의 관계를 다룬 성스런 연극에 나오는 배우 같습니다.
　사람은 태양 에너지의 원천에도, 그 에너지를 음식으로 변형시키는 힘에도 가닿을 수 없습니다. 현대 과학은 엽록소라는 식물학적 실체를 그 힘의 장소로 여기지요. 결국 같은 말이지만, 고대에는 엽록소 대신 전류액轉流液, sève이라고 했습니다. 태양이 신의 이미지이듯, 전류액은 아들 또는 매개자의 이미지입니다. 태양 에너지를 흡수해 풀과 나무를 중력에 맞서 솟구치게 하고, 그 결과 우리에게 음식물을 제공해서 생명을 유지시키니까요. 농부의 모든 일은 그런 이미지에 봉사하는 것입니다.
　이러한 시詩가 영원의 빛으로 농부의 일을 감싸 안아야 하겠지요. 그렇게 하지 않으면, 농부는 단조로움으로 인해 곧장 우둔해지거나 절망에 빠질 겁니다. 또는 가장 천박한 만족을 찾아 나서게 되겠지요. 목표가 없다는 것이 너무도 명백해서입니다. 목표가 없다는 건 모든 인간조건의 불행인 것이지요. 사람은 먹고살기 위한 노동에 지칩니다. 사람은 일하는 힘을 내려고 먹고, 일 년 동안 힘들여 일한 다음엔 다시 정확하게 원점으로 돌아오지요. 즉 일하면서 뺑글뺑글 돌 뿐입니다. 사람이 단조로움을 견디는 건 오직 신의 빛을 통해서입니다. 하지만 그렇기 때문에 단조로운 삶이 구원에 훨씬 유리합니다.

2

신의 사랑에 대한 무질서한 성찰들

Réflexions sans ordre sur l'amour de Dieu

1942년 4월 말에 쓴 미발표 원고입니다. 『전집』 IV-1권과 폴리오folio 문고판 『신의 사랑에 관한 무질서한 생각들』(Gallimard, 2013)에 실려 있습니다.

우리를 향한 신의 사랑은 매순간 우리의 존재 자체의 직물을 이루고 실체를 이룹니다. 우리를 실존 속에서 떠받치는 신의 창조적 사랑은 관대함으로 넘쳐나는 것만이 아닙니다. 그 사랑은 또한 포기이고 희생입니다. 그 사랑은 단지 수난Passion일 뿐만 아니라 창조 자체인데, 창조는 신에겐 포기이고 희생입니다. 수난은 그 완성일 뿐이지요. 창조자인 신이 자신의 신성을 스스로 비워내듯 말입니다. 신은 노예의 형태를 취합니다. 신은 필연성에 종속됩니다. 신은 스스로를 낮춥니다. 신의 사랑은 실존 속에서 지속됩니다. 그 자신이 아닌, 선하지 않은, 보잘것없는 존재들의 자유롭고 자율적인 실존 속에서. 사랑으로 신은 그 존재들을 불행과 죄 속에 내던집니다. 그러지 않으면, 그들은 존재하지 못할 것이기 때문입니다. 신의 현존은 불꽃이 나비를 태워 죽이듯 그들에게서 '존재'를 제거할 것입니다.

종교는 신이 다양한 수준의 보잘것없는 유한한 존재들을 창조했다고 가르칩니다. 우리는 인간 존재들이 경계선에 위치해 있음을 확인합니다. 그 너머에선 신을 생각하지도 사랑하지도 못하는 극단적인 경계선에 말입니다. 우리 아래엔 단지 동물들이 있습니다. 우리는 이성적인 피조물로선 최대로 보잘것없고 최대로 신에게서 멀어져 있습니다. 이는 큰 특혜입니다. 신이 우리에게 오려고 무척이나 긴 여행을 해야 하기 때문입니다. 그래서 신이 우리의 마음을 사로잡고 정복하고 변형시키면, 이젠 우리가 신에게 가닿기 위해 매우 긴 여행을 해야 합니다. 이처럼 사랑은 거리에 비례합니다.

신이 그처럼 멀리 떨어진 존재들을 창조한 건 이루 말할 수 없는 사랑 때문입니다. 신이 그들에게까지 내려간 것도 이루 말할 수 없는 사랑 때문입니다. 이윽고 그들이 신에게까지 올라간 것도 이루 말할 수 없는 사랑 때문입니다. 그 똑같은 사랑 말입니다. 다시 말해, 신이 그들을 찾아가 넣어준 사랑이 아니라면, 그들이 그처럼 상승할 수 없었을 겁니다. 그리고 그 사랑은 신이 그들을 그토록 멀리 떨어뜨려 창조했을 때의 사랑과 같은 것입니다. 수난은 창조와 분리할 수 없습니다. 창조는 그 자체가 일종의 수난입니다. 나의 실존 자체는 신의 찢어짐과 같은 것인데, 그 찢어짐이 바로 사랑입니다. 내가 초라하면 할수록, 나를 실존 속에 지탱해주는 사랑의 엄청남은 더욱 빛납니다.

이 세계 도처에 불행과 범죄의 형태로 드러나는 악은 우리가 신에게서 얼마나 멀리 떨어져 있는지 보여주는 지표입니다. 하지만 그 거리는 사랑입니다. 그러므로 그 거리는 사랑받아야 합니다. 그렇다고 악을 사랑하라는 건 아닙니다. 다만 그 악을 통해서 신을 사랑해야 합니다. 아이가 놀다가 귀중한 물건을 망가트렸습니다. 어머니는 그런 일을 사랑하지 않지요. 하지만 시간이 한참 흘러 아이가 먼 곳으로 떠났거나 죽었다면, 어머니는 그때의 일을 한량없는 따뜻함을 갖고 떠올릴 겁니다. 이제는 그 일에서 그 아이가 실존했던 자취만을 볼 뿐이기 때문이지요. 이와 같은 것입니다. 즉 아무런 차별 없이 좋고 나쁜 모든 걸 통해 신을 사랑해야 한다는 것입니다. 만일 우리가 오직 선한 것을 통해서만 사랑을 한다면, 우리가 사랑하는 것은 신이 아닙니다. 우리는 지상의 어떤 것인가를 신이라는 이름으로 칭할 뿐인 것이지요. 어떤 변제나 정당화를 통해 악을 선으로 만들려 해서도 안 됩니다. 벌어지는 악을 통해 신을 사랑해야만 합니다. 벌어지는 모든 건 현실이고, 모든 현실 뒤엔 신이 있기 때문입니다. 어떤 현실들은 다소간 투명하고, 어떤 현실들은 완전히 불투명합니다. 하지만 그런 모든 현실 뒤엔 어디서건 신이 있습니다. 우리가 할 일은 오직 신이 존재하는 지점을 향해 시선을 돌리는 것입니다. 신을 알아볼 수 없더라도 말입니다. 만일 투명한 현실이 전혀 없다면, 우리는 신에 대한 어떤 생각도 가질 수 없을 것입니다. 만일 모든 현실이 투명하다면, 우리는 신이 아니라 빛의 감각만을 사랑할 겁니다. 우리가 신을 보지 못하면, 신의 현실이 우리 감각의 어떤 부분에도 와 닿지 못하면, 신을 사랑하기 위해선 진짜로 자기 바깥으로 이동해야만 합니다. 그것이 신을 사랑하는 것입니다.

그러므로 부단히 시선이 신을 향해야 합니다. 꼼짝도 않은 채로. 그렇지 않다면 어떻게 우리가 올바른 방향을 알 수 있겠습니까? 검은 장막이 빛과 우리를 갈라놓고 있는데 말입니다. 그러므로 결코 움직이면 안 됩니다.

움직이지 않는다는 게 행동하지 않음을 뜻하진 않습니다. 그것이 뜻하는 건 물질적 부동성이 아니라 영적 부동성입니다. 하지만 나 자신의 의지로 행동하진 말아야 하고 나 자신의 의지로 행동을 안 해서도 안 됩니다. 그러니 첫째로는, 엄격한 구속에 의해 강제되는 것만을 행해야 합니다. 둘째론, 신이 내게 명령한다고 진실로 여겨지는 것을 해야 합니다. 셋째로 불확정의 영역에선, 우리를 밀어붙이는 자연스런 흐름에 따라야 합니다. 부당한 것이 아니라면 말입니다. 행동의 영역에서 의지적 노력을 하는 것은 오직 엄격한 구속으로 인한 경우여야 합니다. 자연적 흐름에 따른 행동에선 애써 힘을 들일 필요가 없겠지요. 신에 복종하는 일들에서는, 우리는 다만 수동적일 따름입니다. 그에 따른 고통이 크더라도 그 일들은 정확한 뜻에서의 노력, 능동적인 노력보다는 오히려 인내를 요구합니다. 견뎌내고 고통 받는 능력을 말입니다. 그리스도의 십자가가 그 모델이지요. 물론 바깥에서 볼 땐 복종의 그런 행위를 큰 활동이 펼쳐지는 것으로 여길 수도 있겠지만, 실제로 마음속엔 수동적인 고난밖에 없습니다.

그런데 우리가 행해야 하는, 그 어떤 것보다도 힘든 노력이 있습니다. 그것은 행동의 영역에 속하는 게 아닙니다. 신을 향하게 우리의 시선을 붙들어 놓는 것, 시선이 멀어지면 다시 붙잡아 데려다 놓는 것, 매순간 모든 힘을 다해 신에게 집중하는 것이 그것입니다. 그것이 매우 힘든 이유는 우리 자신의 거의 전부인, 우리 자신인, 우리가 우리의 자아라고 명명하는 것인, 우리 자신의 가장 보잘것없는 부분이 시선을 신에게 고정시킬 때 죽음에 처하는 것 같은 고통을 느끼기 때문입니다. 우리의 그 부분은 죽고 싶어 하지 않습니다. 그래서 저항합니다. 시선을 돌리기 위해 가능한 모든 거짓말들을 지어내면서.

그런 거짓말들 가운데 하나는 사람들이 신이라 칭하는 가짜 신들입니다. 그래서 사람들은 착각합니다. 그들에게 신에 대해 말해준 특정한 사람들, 어떤 사회적 모임, 어떤 생활 습관, 또는 마음의 어떤 평화로운 상태, 감각적인 기쁨·희망·위안·위로의 어떤 원천 등을 좋아할 뿐인데, 신을 생각한다고 믿으면서 말입니다. 이때 마음의 보잘것없는 부분은 완전한 안전을 누립니다. 기도도 그것을 위협하지 못할 정도로.

또 다른 거짓말은 쾌락과 고통입니다. 우리는 잘 알고 있습니다. 쾌락에의 끌림이나 고통에 대한 두려움이 촉발한 행동이나 회피가 신을 바라보지 못하게 한다는 것을. 그처럼 말려들 때, 우리는 쾌락이나 고통에 굴복했다고 믿습니다. 하지만 종종 그것은 환상일 뿐입니다. 많은 경우 감각적인 쾌락과 고통은 우리의 보잘것없는 부분이 우리를 신에게서 빼돌리기 위한 핑계일 뿐입니다. 쾌락과 고통은 그 자체로선 그처럼 강력한 게 아닙니다. 우리를 휘감는 쾌락을 포기하는 거나 격심한 고통을 떠맡는 게 그다지 힘겨운 일은 아닙니다. 아주 보잘것없는 사람들도 그것을 일상적으로 행하지요. 하지만 오직 신을 위해서라면, 아주 작은 즐거움을 포기하는 것이나 아주 작은 고통을 당하는 것도 한없이 힘듭니다. 진짜 신, 다른 어딘가가 아닌 천국에 있는 진짜 신을 위해서라면 말이지요. 왜냐하면 그럴 때 우리는 고통이 아니라 죽음을 향해 가기 때문입니다. 육체적 죽음보다 더 근원적인 죽음, 자연마저도 똑같이 겁먹게 하는 죽음을 향해 말입니다. 우리 안에서 '나'라고 말하는 것의 죽음이 그것이지요.

우리는 가끔씩 살[몸]이 우리로 하여금 신에게서 등을 돌리게 한다고 믿습니다. 하지만 실제로 벌어지는 건 종종 거꾸로입니다. 신의 치명적인 현존, 그로 인한 화상火傷을 감당할 수 없어서 마음이 오히려 살 뒤로 도망가는 것이지요. 살을 차단막처럼 사용하면서요. 이런 경우, 신을 잊게 하는 건 살이 아닙니다. 오히려 마음이 신을 잊으려고 살 속으로 숨는 것이지요. 그러니 어떤 결함이 있었던 게 아니라 배반이 행해졌던 것입니다. 이런 배반은 언제나 행해집니다. 마음의 보잘 것없는 부분이 순수한 부분을 압도하는 한에서 말입니다. 그 자체론 아주 작은 잘못들이 그런 배반을 불러올 수 있습니다. 그런 잘못들은 어떤 결함에 따른 아주 큰 잘못들 자체보다 무한하게 더 심각한 것입니다. 우리가 배반을 피할 수 있는 건 노력을 통해서도, 자신에게 폭력을 가해서도 아닙니다. 오히려 단순한 선택을 통해섭니다. 즉 신으로부터 숨으려는 자신의 부분을 낯선 존재처럼, 적처럼 바라보면 됩니다. 그 부분이 우리 자신의 거의 전부더라도, 우리 자신이더라도 말입니다. 부단히 스스로에게 다짐해야 합니다. 신의 편에 선 부분에 속해야 한다고. 그 부분이 무한하게 작더라도 말이지요. 그처럼 무한하게 작은 것도 우리가 속하게 되면 기하급수적으로 증폭됩니다. 2, 4, 8, 16, 32 …… 로 뻗어나가는 기하학적 진행에 따라서, 마치 곡식이 자라나듯. 물론 이때 우리는 자기 몫의 할 바를 하는 것입니다. 우리는 신의 편에

선 부분에 속하길 거부해서 그런 성장을 멈추게 할 수도 있습니다. 또는 의지를 마음의 육체적 부분의 무질서한 운동에 맞서 사용하질 않아서 그런 성장을 약화시킬 수 있습니다. 하지만 그런 성장은, 그것이 이루어질 때면, 우리 자신 없이도, 우리 안에서 이루어집니다.

선善을 향한, 신을 향한 잘못된 노력은 또 다른 함정이고, 죽음을 피하려는 우리 자신의 보잘것없는 부분이 행하는 거짓말입니다. 그것이 거짓임을 이해하기는 매우 힘듭니다. 그것은 위험합니다. 우리 자신의 보잘것없는 부분이 우리보다 구원의 조건들을 훨씬 더 잘 안다는 듯이 모든 게 진행되기 때문이고, 그래서 악마와 같은 무언가를 받아들이도록 강요하기 때문입니다. 신을 다음처럼 찾는 사람들이 있습니다. 두발을 모아 뛰면서, 점점 더 높이 뛰다보면 결국은 어느 날엔가는 땅에 떨어지지 않고 하늘에 올라갈 수 있다고 믿는 사람들 말입니다. 그림 형제의 동화 가운데 「용감한 꼬마 재봉사」가 있습니다. 그 동화에서 꼬마 재봉사는 거인과 시합을 하지요. 거인은 돌을 하늘 높이 던집니다. 너무 높이 던져서 떨어질 때까지 시간이 무척 오래 걸립니다. 하지만 호주머니에 새를 넣어둔 꼬마 재봉사는 자기가 훨씬 잘 할 수 있다고, 자기가 던지는 돌은 떨어지지 않는다고 말합니다. 그러고선 새를 놓아주지요. 날개가 없는 것은 언젠간 떨어지기 마련입니다. 하늘을 향해 두발을 모아 뛰는 사람들은 자신의 동작에 집중하느라 하늘을 보지 못합니다. 시선만이 이런 일에선 유일하게 결실을 맺습니다. 시선만이 신을 내려오게 하기 때문입니다. 신은 우리에게 내려오면, 우리를 일으켜 세우고 날개를 달아줍니다. 우리의 근육 운동이 효과

있고 정당하게 사용되는 것은 우리의 시선을 방해하는 모든 걸 피해가거나 없애기 위한 경우일 뿐입니다. 결국은 부정적인 용법이지요. 신을 바라볼 수 있는 마음의 부분은, 짖고 물고 모든 걸 교란하는 개들에 의해 둘러싸여 있습니다. 그 개들을 길들이려면 채찍을 휘둘러야 합니다. 가능하다면 설탕 조각을 이용할 수도 있겠지요. 채찍이건 설탕이건 중요한 건 개들을 길들이는 것, 그래서 움직이지 않고 침묵을 지키게 하는 것입니다. 실제론 개들의 성질에 따라 채찍과 설탕을 적절하게 섞어야 하겠지요. 이런 길들이기는 영적 상승의 조건입니다. 하지만 길들이기 자체가 상승의 힘을 이룰 수 없습니다. 오직 신만이 상승하는 힘이기 때문입니다. 그리고 신은 우리가 바라볼 때 다가옵니다. 신을 바라본다는 것은 신을 사랑한다는 것을 뜻합니다. 사람과 신 사이엔 사랑의 관계만 있습니다. 하지만 신에 대한 우리의 사랑은, 그 무엇도 먼저 표현하지 않고 기다리는 여성의 사랑 같아야 합니다. 신은 남편입니다. 남편은 그가 선택한 사람에게 다가갑니다. 말 건네기 위해. 데려가기 위해. 미래의 아내는 기다려야만 합니다.

"네가 나를 발견하지 못했다면 너는 나를 찾지 않을 것"이라는 파스칼의 말[1]은 사람과 신의 관계에 대한 정확한 표현이 아닙니다. 오히려 "벌어지는 모든 걸 영혼 전체를 바쳐 피해 가라"는 플라톤의 말[2]이 훨씬 깊이가 있습니다. 사람은 찾아야 할 필요가 없고, 또 신을 믿을 필요도 없습니다. 다만 신이 아닌 그 어떤 것도 사랑하지 않으면 됩니

---

1) 편집자의 주에 따르면 파스칼의 『팡세』 단장 919에 나오는 말입니다.
2) 편집자의 주에 따르면 플라톤의 『국가』 7권 518c에 나오는 말입니다.

다. 신이 아닌 다른 것을 사랑하길 거부하는 데는 어떤 믿음도 필요 없습니다. 이를 알려면, 모든 마음에 자명한 것을 확인하면 됩니다. 즉 과거의 것이긴 오늘의 것이건 미래의 선이건, 현실의 것이건 상상적인 것이건 지금 여기의 것들은 유한하고 제한되어 있어서, 우리 안에서 끊임없이 불타오르는 무한하고 완전한 선善에 대한 욕망을 만족시킬 수 없다는 것입니다. 모두는 이를 알고, 살아가면서 여러 번 어떤 순간에 이를 고백합니다. 그런데 사람들은 곧이어 거짓말을 합니다. 더 이상 그것을 알고 싶지 않아서 말입니다. 사람들은 그것을 안다면 더 이상 살아갈 수 없으리라고 느낍니다. 이 느낌은 정확하고, 그 앎은 사람을 죽입니다. 하지만 이 죽음은 부활에 이르는 것입니다. 우리는 이를 미리 알지 못하고, 죽음을 예감할 뿐입니다. 그러니 진실과 죽음을 택하거나 거짓말과 삶을 택해야 합니다. 진실과 죽음을 택하고 그걸 지킨다면, 그래서 가치 없는 것들에, 어떤 예외도 없이 여기 이곳의 모든 것에 사랑을 주지 않는 태도를 무한정 견지한다면, 그것으로 된 것입니다. 더 이상 질문할 것도 탐구할 것도 없습니다. 만일 누군가가 이런 거부를 견지하면, 언젠가는 신이 그에게 올 것입니다. 그래서 엘렉트라가 오레스테스를 눈으로 보고 귀로 듣고 몸으로 껴안듯[3], 그는 신을 눈으로 보고 귀로 듣고 몸으로 껴안을 것입니다. 즉 부인할 수 없는 실재의 확실성을 확인할 겁니다. 물론 그렇다고 그가 의심의 능력을 상실하진 않습니다. 사람의 정신은 언제나 의심의 능력과 의무를 갖습니

3) 소포클레스의 『엘렉트라』 마지막 부분에 나오는 내용입니다.

다. 하지만 의심을 끝없이 밀고 나가다 보면, 불확실한 것들의 환상적 확실성이 소멸되고, 확실한 것들의 확실성이 확인됩니다. 신의 실재에 관한 의심은, 신이 사로잡았던 사람에겐, 추상적이고 말뿐인 의심, 감각적 사물의 현실성에 대한 의심보다 더 추상적이고 말뿐인 의심입니다. 그런 의심이 생겨나면, 아무 제한 없이 받아들인 뒤 얼마나 추상적이고 말뿐인지 입증하면 됩니다. 그렇게 하면, 믿음^{foi}의 문제는 더 이상 제기되지 않습니다. 신이 사로잡지 않는 한에서 인간 존재는 믿음을 가질 수 없고, 단순한 신앙^{croyance}을 가질 뿐입니다. 그가 그런 신앙을 갖건 말건 중요하지 않은데, 결국엔 의심을 거쳐 믿음에 이를 것이기 때문입니다. 인간에게 주어지는 유일한 선택은 여기 이곳에 대해 사랑을 갖느냐 아니냐 하는 것입니다. 여기 이곳에 사랑을 주길 거부하면, 그래서 가만히 있으면서 아무것도 찾지 않고, 움직이지 않고, 기다리면, 심지어 무얼 기다리는지 알려고도 하지 않으면, 신이 그에게 다가가는 여정을 몸소 행할 것이 절대적으로 확실합니다. 찾으려는 사람은 신의 일을 돕기는커녕 방해합니다. 신이 사로잡은 사람은 더 이상 신을 찾지 않습니다. 파스칼이 말했던 '찾는다'는 의미에서 말입니다.

어떻게 우리가 신을 찾을 수 있나요? 신이 저 높은 곳에, 우리가 가닿을 수 없는 곳에 있다면 말이지요. 우리는 그저 수평으로만 걸을 수 있을 뿐입니다. 우리가 우리의 선^{善}을 찾으면서 그처럼 걷고, 그래서 그것에 가닿았다고 해봅시다. 이때 우리가 가닿은 것은 다만 환상일 뿐입니다. 우리가 찾은 것은 신일 수 없습니다. 길에서 엄마를 잃어버린 아이는 울면서 사방으로 뛰어다니지요. 하지만 그건 좋은 방법이 아닙니다. 그 아이가 가만히 멈춰 서서 기다릴 정도로 이성과 마음의 힘을 가졌다면, 엄마를 좀 더 빨리 만날 겁니다. 그러니 단지 기다리고, 불러야 합니다. 누군가를 부르라는 게 아닙니다. 누가 있는지 모르니까요. 배가 고프다고, 빵을 달라고 소리치세요. 오랫동안 소리를 치세요. 그러면 결국엔 먹을 게 생깁니다. 처음엔 믿지 못할 겁니다. 하지만 진짜로 빵이 있음을 알게 됩니다. 빵을 먹었다면, 무슨 더 확실한 증거가 필요할까요? 빵을 먹지 못했다면, 빵을 믿는 게 필요하지도 않고 도움이 되지도 않을 겁니다. 중요한 건 배고픈 줄을 아는 것이지요. 이는 신앙이 아닙니다. 거짓말로 가릴 수 없는 완전히 확실한 앎입니다. 여기 이곳에 음식이 있다거나 생겨날 거라는 신앙을 가진 모든 사람은 거짓말을 하는 것입니다.

천상의 음식은 우리 안의 선善을 크게 하는 것에 그치지 않고 악을 소멸시킵니다. 이는 우리 자신의 힘으론 도저히 불가능한 것이지요. 우리 안의 악은 완전히 순수한 것을 향한 시선을 통해서만 줄어들 수 있습니다.

[여기 이곳에 선은 없습니다.[4])

---

4) 편집자 주에 따르면, 원고에 닫는 괄호가 없습니다.

3
조에 부스케에게 보낸 편지

Lettre à Joë Bousquet

『선집*Oeuvres*』(Gallimard, 1999)과 문고판 『신의 사랑에 관한 무질서한 생각들』에 실려 있습니다. 부스케(1897~1950)는 프랑스의 작가로, 제1차 세계대전 막바지인 1918년 척추를 관통하는 총상을 당하고 하반신이 마비돼 생을 마칠 때까지 침대 생활을 했습니다. 그의 저서 가운데 『달몰이』(봄날의책, 2015)가 한글로 번역되어 있습니다.

1942년 5월 12일

친구님,

우선 제게 해주신 것에 대해 다시 한 번 감사드립니다.1) 만일 그것이 제 소망대로 실효를 거둔다면, 저 자신이 아니라 저를 통해 다른 사람들, 당신과 운명을 공유하기에 당신에게 너무 귀중할 젊은 형제들에게 도움이 될 겁니다. 어쩌면 당신 덕분에 어떤 이들은 최후를 맞기 앞서 따뜻한 눈길들을 주고받을 수 있을 겁니다.

그 누구보다 당신에겐 세계의 현 상황이 현실성을 갖는다는 특권이 있습니다. 심지어 지금 이 순간 죽고 죽이고 부상을 당하고 입히는,

---

1) 문고판 편집자의 주에 따르면, 시몬 베유는 「최전선 간호사 양성 계획」을 조에 부스케에게 보냈고 그는 동의의 답신을 보내왔습니다. 베유는 그 답신을 활용할 생각이었습니다.

그래서 경악 속에서 내가 어디 있는지, 대체 무슨 일이 일어나는지조차 모르는, 옛날의 당신처럼 이 상황에 대해 생각조차 할 수 없는 사람들에 비해 훨씬 더 말이지요. 지금 벌어지는 게 다른 모든 사람들에겐, 예컨대 이곳의 사람들에겐 다음과 같을 거예요. 아주 작은 수의 어떤 사람들에겐 혼란스런 악몽, 대다수의 사람들에겐 아주 막연한 배경이거나 극장의 장식과도 같은 것. 두 경우 모두 비현실적이지요.

이십 년 전부터 당신은 수많은 사람들을 잡았다가 놓아준, 당신을 항상 붙잡고 있는, 지금 다시 수백만의 사람들을 삼키려 되돌아온 그 운명을 머릿속에서 다시 살지요. 당신은 이제, 당신이야말로, 그 운명을 생각할 준비가 되었습니다. 만일 준비가 아직 완전히 되지 않았다면, 어쩌면 그럴 수 있겠는데, 당신이 깨트리고 나올 껍질만 남은 것일 겁니다. 달걀 안의 어둠에서 빠져나와 진실의 빛 속으로 들어가려면 깨트려야 하는 껍질 말입니다. 그리고 당신은 이미 껍질을 두드리고 있습니다. 이건 아주 오래된 비유입니다. 달걀은 눈에 보이는 세계지요. 병아리는 사랑입니다. 사랑은 신 자신이고, 모든 사람의 깊은 곳에 거주하지요. 처음엔 눈에 보이지 않는 씨앗처럼요. 껍질이 깨졌을 때, 존재가 바깥으로 나왔을 때, 존재는 아직 똑같은 세계를 대상으로 갖고 있습니다. 하지만 그는 이젠 안에 있지 않습니다. 공간이 열리고 찢겼습니다. 정신은 한구석에 버려진 비참한 몸을 떠나, 공간 밖의 한 점으로 이동하지요. 그 지점은 어떤 관점의 지점이 아닙니다. 그 지점으로부턴 전망이 없습니다. 그 지점에선 어떤 전망도 없이, 눈에 보이는 세계의 실재가 보입니다. 공간은 달걀 속에 있을 때에 비하면 제곱 또는 오히려 세제곱의 차원에서 무한해집니다. 시간이 정지됩니다. 모든 공간은, 어쩌다 들리는 소리들이 있을지라도, 농밀한 침묵으로 가득 합니다. 이 침묵은 소리의 부재가 아니고 적극적인 감각의 대상, 소리보다 더 적극적인 감각의 대상입니다. 이 침묵은 비밀스런 말, 태초부터 우리를 품에 안고 있는 사랑의 말입니다.

 달걀 바깥으로 나오면 당신은 전쟁의 현실을 깨우칠 겁니다. 그건 반드시 알아야 하는 제일 귀중한 현실인데, 왜냐하면 전쟁은 비현실성 자체이기 때문입니다. 전쟁의 현실을 인식한다는 건 피타고라스적인 조화이고, 대립물의 통일이고, 실재에 대한 온전한 인식입니다. 그러므로 당신은 무한한 특혜를 받은 것이지요. 전쟁은 당신의 몸에 영구히 새겨져서, 언젠가 당신이 무르익어 올바로 인식해주길 줄곧 기다려 왔으니까요. 당신 곁에서 죽어야 했던 사람들은 그들의 부유浮遊하는 일시적 생각들을 통해 운명을 돌아볼 겨를이 없었습니다. 무사히 돌아온 사람들은 모두 망각을 통해 과거를 죽였고요. 그들이 무언가를 기억하는 척하더라도 말입니다. 왜냐하면 전쟁은 불행이고, 생각이 자발적으로 불행을 향하게 하는 건 아무 훈련도 받지 못한 개더러 불 속으로 걸어 들어가 타죽으라고 설득하는 것만큼이나 어렵기 때문입니다. 불행을 생각하려면, 불행을 살 속으로 끌어들여 못처럼 깊숙이 박아 넣어야 합니다. 그리곤 오랫동안 지녀서, 그 불행을 직시할 정도로 생각이 강해질 시간을 가져야 합니다. 몸에서 그리고 어떤 의미에선 심지어 마음에서 빠져나와, 바깥에서 바라볼 수 있을 정도로 말이지요. 몸과 마음은 관통돼 있을 뿐 아니라 한 고정된 장소에 못 박혀 있습니다. 불행이 그런 못 박힘을 문자 그대로 부과하건 말건 간에, 강요된 못 박힘은 언제든 존재합니다. 마음의 일부가 항상, 지속적으로, 뗄 수 없이, 고통에 들러붙어 있다는 뜻에서 말입니다. 그런 고정성 덕분에, 마음속에 던져진 신적 사랑의 아주 작은 씨앗이 성장하고 열매 맺을 시간을 갖습니다. 기다림 속에서, 복음서의 몹시도 아름다운 표현인 ἐν ὑπομονῇ 속에서 말입니다. 보통 '인내하면서'로 번역하지만, ὑπομονεῖν는 전혀 다른 뜻을 가집니다. 즉 제 자리에서, 움직이지 않고, 기다림 속에 머문다는 뜻입니다. 흔들림 없이, 바깥의 것이 가하는 충격에 따라 움직임이 없이.

살 속에 파고든 불행이 자기 시대의 세계적 불행 자체인 사람들은 행복합니다. 세계의 불행을 진실 속에서 알아차리고 실재 속에서 관조할 가능성과 역할을 지녔기 때문입니다. 그것은 그 자체로서 구원의 역할입니다. 20세기 전 로마제국에서 시대적 불행은 노예제였고 십자가형은 그 극단적 사례였듯이.

하지만 그런 역할을 떠맡고선 완수하지 못하는 사람들은 박복합니다.

당신이 문자 그대로의 뜻에서의 선과 악을 구별하지 못하겠다고 했을 때, 그 말은 진지하지 않았어요. 당신이 당신 안의 다른 사람을 언급했기 때문이에요. 그 다른 사람은 명백히 당신 안의 악이에요. 당신은 잘 알고 계실 거예요. 당신의 생각들과 말들과 행동들 가운데 당신을 희생시키고 그 다른 사람을 양육하는 게 있음을요. 또 그 다른 사람을 희생시키고 당신을 양육하는 것도요. 이게 확실하게 느껴지지 않는다면 주의 깊게 관찰해보세요. 그러면 대부분의 경우엔 알게 됩니다. 당신이 뜻했던 건, 그 구분이 선과 악의 구분임을 아직 인정할 수 없다는 것이었을 겁니다.

그걸 인정하기는 쉽지 않습니다. 되돌릴 수 없기 때문이죠. 그걸 인정하면 되찾을 수 없는, 선善과 관련한 영혼의 처녀성 같은 게 있습니다. 여성이 남성과 성관계를 맺은 뒤 처녀성을 잃듯 말이지요. 그 여성은 정절을 지키지 않을 수도 불륜을 저지를 수도 있지만, 다시 처녀가 될 수는 없습니다. 그래서 그녀도 그렇다고 말하려면 두렵습니다. 사랑은 그런 두려움을 물리칩니다.

모든 인간 존재에겐 어떤 정해진 때가 있습니다. 그 누구도, 그리고 특히 그 자신도 그 때를 모르지요. 하지만 그 때는 이미 정해져 있습니다. 그 때를 넘어서면, 영혼은 더 이상 처녀성을 간직할 수 없습니다. 영원토록 표시된 그 정확한 시점 안에 영혼이 선善에 사로잡히길 동의하지 않으면, 그 이후 영혼은 자신의 뜻과 상관없이 곧바로 악에 사로잡힙니다.

사람은 삶의 어떤 순간에든 악에 건네질 수 있습니다. 그가 악에 건네지는 건 무의식 속에서고 외적 권위를 자신 안에 받아들인다는 걸 모르는 채로이기 때문입니다. 영혼은 마취약을 마시고선 자신의 처녀성을 악에게 내던집니다. 악에 붙잡히기 위해선 '네!'라고 말할 필요가 없습니다. 하지만 선은, '네!'라고 대답해야만 영혼을 붙잡습니다. 혼인 결합에 대한 두려움은 너무도 커서, 어떤 영혼도 선에게 '네!'라고 대답할 힘이 없습니다. 그의 운명을 영원히 결정할 한계 시점이 임박해서 그를 급박히 몰아붙이지 않는다면 말입니다. 누군가에겐 한계 시점이 다섯 살 때일 수 있고, 누군가에겐 육십 살 때일 수 있습니다. 그 이전이나 이후엔 그 시점을 알 수 없는데, 순간적이고 영원한 그 선택은 시간의 지속 속에서 굴절되어 드러나기 때문입니다. 그 시점에 도달하기 오래 전부터 악에 사로잡힌 사람들에겐, 한계 시점은 더 이상 실재하지 않습니다. 한 인간 존재가 할 수 있는 최대치는, 한계 시점에 도달하기 전까지 선에게 '네!'라고 말할 능력을 온전히 보존하는 것입니다.

제가 보기에 당신에겐 아직 한계 시점이 오지 않았음이 분명합니다. 제겐 마음들을 읽어낼 능력이 없습니다. 하지만 그 시점이 멀지 않았다는 신호들을 느낍니다. '네'라고 말할 당신의 능력은 물론 손상되지 않았습니다.

제 생각에 당신은 선에 동의한 뒤 달걀을 깨고 나올 것입니다. 어쩌면 일정한 시간을 두고서이겠지만, 그리 길지는 않을 겁니다. 당신이 바깥으로 나오면, 어느 날 당신 몸의 중심에 박힌 총알과 그 총알을 그리로 이끈 우주 전체가 용서받을 겁니다.

신과의 혼인에 대한 동의를 준비하는 데 지성이 한 가지 역할을 합니다. 자신 안의 악을 들여다보고 혐오하는 것이 그것입니다. 악에서 벗어나려고 노력하는 게 아니라 단지 악을 알아차리기만 하면 되고, 선에 '네!'라고 말하기 전에 충분히 오랫동안 악을 지속적으로 들여다봐서, 악을 혐오하게 되는 것입니다.

제 생각엔 어쩌면 모든 사람에게서, 하지만 특히 불행을 경험한 사람들에게서, 그리고 특히 그 불행이 생물학적이라면, 악의 뿌리는 몽상입니다. 몽상은 유일한 위로고, 불행한 사람들의 유일한 풍요로움이고, 시간의 소름끼치는 중력을 견디게 해주는 유일한 도움의 손길입니다. 이 도움의 손길은 결백하고, 더욱이 필요불가결합니다. 어떻게 몽상 없이 지낼 수 있겠습니까? 몽상은 단 하나의 불편함을 갖는데, 현실이 아니라는 것입니다. 진실에 대한 사랑으로 몽상을 포기한다는 건, 사랑에 미쳐 모든 재화를 내다버리는 것이고 몸소 진실을 구현한 사람을 뒤따르는 것입니다. 이는 진짜로 십자가를 지는 것이지요. 시간이 십자가입니다.

한계 시점이 임박하기 전엔 이를 해선 안 됩니다. 하지만 몽상을 있는 그대로 알아차려야 합니다. 심지어 몽상에 사로잡혔을 때조차, 그 형태가 어떠하건, 모든 형태의 몽상이 거짓임을 한 순간도 잊어선 안 됩니다. 유치해서 겉보기에 완전히 무해해 보이건, 진지해서 또는 예술적인 연관성이나 사랑이나 우정과의 관계로 인해(그리고 많은 경우 종교적인 연관성으로 인해) 겉보기에 너무나 그럴싸해 보이건 간에 말입니다. 몽상은 사랑을 쫓아냅니다. 하지만 사랑은 실재입니다.

그런데 이 모든 생각들은 제 머릿속에서 나온 것일 수가 결코 없습니다. 저는 신이 당신에 대한 사랑으로 저를 통해 이 모든 걸 당신에게 전하려 한다는 느낌을 진짜로, 저 자신을 거슬러, 받습니다. 제가 그런 인상들을 손톱만큼도 신뢰하지 않지만 말입니다. 하지만 축성된 빵이 질이 아주 형편없는, 심지어 사분의 삼이 상한 밀가루로 만들어졌더라도 상관없는 일일 것입니다.

당신은 말했지요. 저 자신에 대한 불신 때문에 제가 저의 도덕적 자질을 손상시킨다고. 그런데 저 자신에 대한 제 태도는 불신이 아니라 무시, 증오, 혐오가 결합된 것이고, 아주 낮은 곳에, 생물학적 메커니즘 수준에 위치합니다. 다시 말해, 그건 육체적 고통과 관련된 것입니다. 12년 전부터 제 신경계의 중심 지점, 즉 마음과 몸의 연결 지점이 고통에 시달리는데, 이 고통은 잠을 자는 동안에도 지속되고 일 초도 멈추질 않습니다. 10년 동안을 그랬고, 저는 녹초가 된 듯한 상태에 이릅니다. 그래서 주의를 집중해야 할 일이나 지적 작업에선 거의 희망을 가질 수 없었습니다. 다음날 처형당해야 하는 사형수처럼 말이지요. 그런 일들이 곧바로 결실을 맺지 못하는 불모의 것일 땐 더 그랬지요. 다만 저는 진정으로 주의를 집중한 일은 눈에 띠는 결실을 직간접적으로 맺지 못하더라도 결코 상실되지 않는다는, 열네 살 때부터 가진 믿음으로 견뎌냈을 뿐입니다. 그럼에도 탈진과 격심한 고통으로 온 마음이 처참히 파괴되리라는 위협을 느낀 시점이 있었습니다. 그때 저는 몇 주에 걸쳐 불안스럽게 제게 물었습니다. 죽어야 하는 게 내게 주어진 가장 긴급한 의무가 아닐까 하고. 공포 속에서 삶을 끝내는 게 두려웠지만 말입니다. 당신에게 이미 말했듯, 언제든 죽을 수 있다는 각오만이 제게 평온을 가져다주었습니다.

이런 육체적 고통이 시작되고 몇 년 뒤, 저는 파리 지역의 기계 공장에서 일 년 가까이 노동자로 일했습니다. 제가 보기에도 저 자신과 구분될 수 없게 뒤섞인 주변의 불쌍한 사람들에 대한 호감과 저의 개인적 경험이 결합해서, 제 가슴 깊은 곳에 사회적 몰락의 불행을 새겨

넣었습니다. 그때 이후로 제가 언제나 노예처럼 느껴졌습니다. 로마 사람들이 사용한 말뜻에서요.

그런 모든 시간 동안 신이라는 믿음은 제 생각 속에서 어떤 자리도 차지하질 못했습니다. 그런데 삼 년 반쯤 전 어느 날 저는 신에게 자리를 내줄 수밖에 없었어요. 강도 높은 육체적 고통 속에 있던 어떤 순간, 저는 사랑을 하려고 노력하고 있었지요. 제가 그 사랑에 이름을 붙일 권리가 있다곤 생각하지 못한 채로 말이에요. 그런데 저는 그때까지 신비주의자들의 글을 한 번도 읽은 적이 없기 때문에 전혀 준비가 되지 않은 채로, 그 어떤 인간 존재보다도 더 밀접하고^{personelle} 더 확실하고 더 현실적인 현존을 느꼈어요. 그 현존은 감각이나 상상을 통해 가닿을 수 있는 게 아니었고, 사랑을 누리는 존재의 너무도 따뜻한 미소를 통해 드러나는 사랑과 유사한 것이었지요. 그 순간부터 신의 이름 그리고 그리스도의 이름은 점점 더 거부할 수 없게 제 생각에 섞여들었습니다.

그때까지 제 유일한 믿음은 스토아 철학에서 말하는, 마르쿠스-아우렐리우스가 이해한 대로의, 운명에 대한 사랑$^{amor\ fati}$이었을 뿐입니다. 저는 그걸 언제나 성실하게 실천했었습니다. 세계의 수도, 고향, 온 마음으로 아끼는 아름답고 귀중한 조국을 그 토대를 이루는 질서와 필연성의 완전한 전체성 속에서, 거기서 벌어지는 모든 사건들과 함께 사랑하는 것 말입니다.

그 결과는 다음과 같은 것이었습니다. 즉 고통 및 불행에 따른 미움과 혐오의 견고한 양量이 모두 저 자신에게 되돌려지는 것. 그건 엄청난 양이었습니다. 모든 생각의 뿌리에 예외 없이 존재하는 고통과 연결된 것이었으니까요.

그게 어느 정도였냐 하면, 누군가가 제게 우정을 가진다는 걸 상상하는 게 절대적으로 불가능했어요. 제가 당신의 우정을 믿는 건, 당신을 신뢰하고 또 당신이 우정의 확약을 해줘서 제 이성이 그걸 믿으라고 속삭이기 때문이에요. 하지만 제 상상 속에선 그건 여전히 불가능하지요.

그렇게 상상하기 때문에, 저는 제게 우정을 갖는 이 불가능성을 행하는 모든 사람들에게 무척이나 따뜻한 고마움을 느낍니다. 우정이란 제게 비교할 수 없고 측량할 수 없는 축복이고, 은유적이 아닌, 문자 그대로의 뜻에서 생명의 원천이기 때문입니다. 제 생각은 고통에 완전히 중독된 몸과 마음을 떠나 다른 데로 이사를 해야 합니다. 제 생각은 짧은 시간 동안만 신의 품안에 거주하고, 자주 사물들 속에 거주하지요. 하지만 사람의 생각이 인간적인 어떤 것 속엔 결코 거주하지 않는다는 건 자연에 반하는 일일 겁니다. 그래서 우정은 신이나 세계의 아름다움이 가져다주지 않은 생명의 나머지 전체를 제 생각에 가져다줍니다.

그러므로 당신은 짐작할 수 있을 겁니다. 당신이 허락한 우정이 얼마나 제게 축복인지를.

이걸 말하는 건 당신이 이해해주실 수 있을 것 같아서입니다. 당신은 최근 책의 한 문장에서 친구들이 당신이 존재한다고 믿을 때 빠져드는 잘못을 다뤘지요. 제가 거기서 저 자신을 알아보았기 때문입니다.

그건 존재 자체를 직접적이고 지속적으로 악으로 느끼는 사람들만이 가질 수 있는 지적 감수성이지요. 그들에겐 그리스도의 요구를 실천하는 것, 즉 자신을 부인하는 것이 쉽습니다. 어쩌면 너무나 쉽지요. 그래서 어쩌면 칭찬받을 일도 아닐 겁니다. 하지만 저는 그런 손쉬움을 엄청난 장점으로 여깁니다.

저는 확신합니다. 불행과, 완전한 아름다움에의 전적이고 순수한 귀속인 기쁨은 둘 다 개인적 존재의 상실을 함축하기 때문에 순수한 나라, 숨 쉴 수 있는 나라, 실재의 나라로 들어가는 단 두 개의 열쇠를 이룹니다.

하지만 그것들을 뒤섞으면 안 됩니다. 기쁨은 어떤 불만족의 그림자도 없는 것이고, 불행은 어떤 위안도 없는 것입니다.

당신은 저를 잘 이해합니다. 십자가형에 처해진 그리스도가 부활하듯 불행의 가장 깊은 곳에서 만날 수 있고 기쁨의 비非감각적 본질이자 핵심을 이루는 이 신적인 사랑은 위안이 아닙니다. 이 사랑은 고통을 조금도 건드리지 않은 채 그대로 둡니다.

저는 당신에게 말하려 합니다. 생각하기에 힘겹고 말하기엔 더 힘겨운, 사랑하는 사람에게 말하기엔 거의 용납할 수 없을 정도로 힘겨운 어떤 것을요. 즉 불행에 처한 모든 사람에겐, 위안을 가져다주는 모든 게 어쩌면 악으로 정의될 수 있다는 것을요.

경우에 따라 고통을 잠시 대체하기도 하고 고통 위에 겹쳐지기도 하는 순수한 기쁨들은 위안이 아닙니다. 오히려 우리는 고통이 병적으로 심해질 때 종종 위안을 찾을 수 있지요. 이 모든 게 제겐 명확합니다. 하지만 제가 그걸 적절히 표현했는지는 모르겠네요.

제가 무척 빈번하게, 거의 매일, 어쩌면 거의 매시간 굴복하고 마는 유혹인 무기력증에 빠지는 것이나 게으름은 특별히 경멸할 만한 위안이에요. 이것들은 저 자신을 경멸하게 해요.

이제 보니 당신 편지에 대답을 안했네요. 저는 할 말이 제법 많아요. 하지만 다음번으로 미루도록 할게요. 오늘은 그저 당신께 감사드리는 걸로 그칠게요.

당신의 가장 진실한 Yours most truly

시몬 베유

제가 당신께 읽어드렸던 영국 시 '사랑Love'을 동봉합니다. 이 시는 제 삶에 큰 역할을 했어요. 그리스도가 처음 저를 붙잡으러 왔을 때 이 시를 암송하는 데 몰두하고 있었거든요. 저는 다른 일은 하지 않고 이 시를 계속 암송하려 하고 있었어요. 저도 모르는 사이에 기도를 하고 있었던 거였죠.[2]

추신: 제가 책들을 조금밖에 가져갈 수가 없어요. 그래서 놓고 가는 책들 가운데 당신이 좋아할 만한 것들을 보냅니다. 제가 그의 책을

---

[2] 문고판에는 아래의 추신과 시가 실려 있지 않습니다.

펼치자마자 따뜻하고 열정적으로 사랑하는 친구가 되어버린 T. E. 로렌스Lawrence의 책, 보석 가운데 보석인 희랍어 성경, 성배에 대한 책, 스윈번Swinburne의 시집이에요. G. 허버트Herbert의 시집도 보내고 싶지만, 그로Gros 씨에게 빌린 거라 보내드릴 수 없네요. 그에게 보내달라고 직접 부탁해보세요.

사랑

사랑은 내게 들어오라 하네. 하지만 먼지와 죄로 가득 찬
내 영혼은 뒷걸음치네.
그러나 눈 빠른 사랑은
들어오자마자 머뭇거리는 나를 보고
가까이 다가와 다정하게 물으시네.
뭔가 빠진 게 있냐고.

Love bade me welcome; yet my soul drew back,

Guiltie of dust and sin.

But quick-ey'd Love, observing me grow slack

From my first entrance in,

Drew nearer to me, sweetly questioning

If I lack'd anything.

나는 대답하네. 여기에 들어올 자격이 있는 사람이 결여되어 있어요.

사랑은 말하네. 당신이 바로 그 사람이에요.

이 몰인정하고 고마워할 줄 모르는 제가 말입니까? 아, 저는 당신을 쳐다볼 수조차 없어요.

사랑은 내 손을 잡고 미소 지으며 대답하네.

제가 아니라면 누가 그 눈을 만들었겠어요?

A Guest, I answer'd, worthy to be here.

Love said, You shall be he.

I, the unkinde, ungrateful? Ah, my deare,

I cannot look on thee.

Love took my hand and smiling did reply:

Who made the eyes but I?

맞습니다, 주님. 그러나 저는 그 눈을 더럽혔어요. 제 부끄러움에 걸맞은 장소로 가게 해주세요.

사랑은 말하네. 당신은 모르시나요. 누가 잘못을 떠맡았는지?

사랑이시여, 그러면 제가 당신을 섬기겠어요.

사랑은 말하네. 여기 앉아서 제 살을 먹으세요.

그래서 나는 앉아서 먹었네.

Truth, Lord: but I have marr'd them; let my shame

Go where it doth deserve.

And know you not, says Love; who bore the blame?

My deare, then I will serve.

You must sit down, says Love, and taste my meat.

So did I sit and eat.

조지 허버트

1593~1633

4
개인성과 성스러움

La personne et le sacré

1943년에 런던에서 쓴 미완성 원고로, 『전집』 V-1권과 리바주Rivages 문고판 『개인성과 성스러움』(2017)에 실려 있습니다. 문고판에선 문단들 사이에 이따금씩 한 칸을 띄었는데, 여기서도 그것을 따랐습니다. 제목은 1957년에 출간된 『런던에서 쓴 글들*Ecrits de Londres*』의 편집자가 붙인 것입니다. 시몬 베유가 원고에 써두었던 제목은 '집합성 ― 개인성 ― 비개인적인 것 ― 권리 ― 정의'입니다.

'나는 당신에게 관심이 없어.' 잔인함을 지니지 않고선, 정의를 손상하지 않고선, 한 사람이 다른 사람에게 이런 말을 건넬 순 없습니다.

'나는 당신의 개인성personne1)에 관심이 없어.' 이런 말은 가까운 친구들의 다정한 대화에서도 건네질 수 있습니다. 우정의 아주 미묘한 그늘을 건드리지 않으면서.

마찬가지로 우리는 자신을 낮추지 않으면서도 '저의 개인성은 중요하지 않아요'라고 말할 수 있습니다. 반면 '저는 중요하지 않아요'라고 말하면서 자신을 낮추지 않을 순 없지요.

이는 이른바 인격주의personnaliste라는 현대적 사고 조류의 어휘가 잘못되었음을 입증합니다. 어휘의 큰 오류가 있는 영역에서 생각의 큰

---

1) '뻬르손느personne'는 사람, 개인, 인격, 인물 등의 뜻으로 쓰입니다. 하지만 베유가 이 용어를 사용한 정확한 뜻은 '개인성'에 가깝다는 생각에서 '개인성'으로 옮겼습니다.

오류가 없기는 어렵습니다.

　모든 사람에겐 성스러운 무엇이 있습니다. 그러나 그것은 그의 개인성은 아닙니다. 또 인격적 개인성personne humaine2)도 아닙니다. 그것은 다만 그, 즉 그 사람입니다.

　그건 단지 긴 팔과 푸른 눈을 하고, 내가 알 수 없는 그러나 아마도 별 볼 일 없을 생각들이 스쳐가는 마음을 지닌, 길을 지나가는 아무런 사람입니다.

　그에게서 성스러운 건 그의 개인성도 아니고, 그의 안에 있는 인격적 개인성도 아닙니다. 그에게서 성스러운 건 그 자신, 전체인 그입니다. 팔, 눈, 생각 전체 말입니다. 저는 무한한 양심의 가책을 느끼지 않고선, 그 가운데 어떤 것도 다치게 할 수 없을 것입니다.

　만일 그 안의 인격적 개인성이 제게 성스러운 거라면, 저는 그의 눈을 공격할 수도 있을 겁니다. 그는 맹인이 된 다음에도 전과 다름없는 인격적 개인일 터이니까요. 저는 그의 인격적 개인성을 건드린 게 결코 아닐 것이니까요. 다만 그의 눈만을 상하게 한 것일 터이니까요.

　인격적 개인성에 대한 존중을 정의하는 건 불가능합니다. 단지 말

---

2) 『전집』의 편집자 주에 따르면, 여기서 '인격적 개인성' 또는 '인격적 개인'으로 옮긴 '뻬르손느 위멘personne humaine'은 프랑스 가톨릭 철학자 자크 마리탱Jacques Maritain이 자주 사용한 용어입니다. 즉 베유는 여기서 마리탱에 반대하는 입장을 표명하고 있습니다. 마리탱은 생물학적 개인 또는 개체로서의 '엥디비뒤individu'와 성스러운 인격체로서의 '뻬르손느' 또는 '뻬르손느 위멘'을 대립시킵니다. 베유는 1942년 7월 뉴욕에 도착해서 사회연구를 위한 뉴스쿨의 교수로 있던 마리탱의 도움을 받지만 둘의 철학적 입장은 상반됩니다.

로 정의하는 것만 불가능한 게 아닙니다. 많은 빛나는 개념들이 말로 정의되지 않습니다. 하지만 인격적 개인성은 개념 자체가 파악되지 않습니다. 생각의 말없는 운동도 그 개념을 정의하거나 한정하지 못합니다.

정의도 이해도 불가능한 개념을 공공적 도덕의 규칙으로 삼는다는 건 모든 형태의 폭정에 길을 열어주는 것입니다.

1789년 혁명을 통해 세계 곳곳에 전파된 권리 개념도 내적인 불충분성으로 인해 기대했던 역할을 해낼 수 없었습니다.

그러니 인격적 개인성을 유지할 권리3)를 말하면서 불충분한 두 개념을 결합시키는 건 결실을 맺을 수 없습니다.

제가 그 사람의 눈을 공격하지 못하게 하는 건 정확하게 무엇일까요? 제가 허락을 받았고 마음이 동하더라도 말입니다.

그가 제게 전체적으로 성스럽더라도, 모든 관계와 측면에서 제게 성스러운 건 아닙니다. 즉 그의 팔이 길어서, 눈이 푸르러서, 생각이 보잘것없어서 성스러운 건 아닙니다. 만일 그가 공작公爵이더라도 그 때문에 성스러운 것이 아니고, 넝마주의라도 그 때문에 성스러운 것도 아닙니다. 이 모든 게 저를 붙들지 못합니다.

저를 붙드는 건, 그가 눈을 공격당해 맹인이 되었다면 그에게 누군가가 악을 행했다는 것 때문에 그의 마음이 찢어지지 않을까 하는 것입니다.

아주 어린 시절부터 무덤에 이르기까지 모든 인간 존재의 마음속

---

3) 『전집』의 편집자 주에 따르면 이 용어 또한 자크 마리탱의 것입니다.

깊은 곳엔, 그가 보고 겪고 고통당한 모든 피해의 경험에도 불구하고, 사람들이 그에게 악이 아니라 선을 행하기를 굴하지 않고 기다리는 무엇이 있습니다. 모든 사람에게서 성스러운 건 다른 어떤 게 아니라 바로 이것입니다.

선善은 성스러움의 유일한 원천입니다. 오직 선만이, 그리고 선에 연관된 것만이 성스럽습니다.

언제나 선을 기다리는 마음의 이 깊고도 어린이 같은 부분은 요구를 하지 않습니다. 반면, 형제가 더 큰 과자를 먹지 않는지 질투의 눈으로 살피는 어린 소년은 보다 피상적인 마음의 압력에 굴복합니다. 정의라는 말은 마음의 이 두 부분에 연결된 상이한 두 의미를 갖습니다. 그런데 오직 첫 번째 의미만이 중요합니다.

그리스도마저도 "어째서 제게 이 고통을 주시나요?"라고 불만을 내뱉었듯이, 마음 속 깊은 곳에서 어린이 같은 불만이 솟아나는 모든 때엔, 틀림없이 불의가 존재합니다. 종종 그렇듯 실수에 의한 것일 뿐이라면, 설명을 충분히 해주지 않은 것이 불의이기 때문입니다.

그런 비명을 지르도록 고통을 가하는 사람들의 동기는 성격이나 시점에 따라 다르지요. 첫째로, 어떤 사람들은, 특정한 시점들에, 그런 비명을 듣고 쾌감을 느낍니다. 둘째로, 많은 사람들은 비명이 질러졌다는 것조차 모릅니다. 마음속에서 비밀스럽게 내지르는 침묵의 비명이기 때문입니다.

이 두 상태는 생각처럼 서로 다른 상태가 아닙니다. 둘째 상태는 첫째 상태가 약화된 것일 뿐이지요. 즉 무지는 의도적인 것입니다. 쾌감을 부추기고 포함하기 때문이지요. 우리의 욕망을 제어하는 건 다른 게 아니라 물질적인 필연성과 주변에 존재하는 다른 사람들입니다. 이런 제한들을 상상 속에서 밀어내는 모든 건 쾌감을 줍니다. 그래서 장애물의 존재를 잊게 만드는 모든 것엔 쾌감이 있지요. 그 때문에, 인간 존재들의 현실성을 제거하거나 인형처럼 만드는 전쟁이나 내전 같은 격변은 사람들을 열광케 합니다. 그래서 노예제는 주인들에게 참 쾌적한 것이지요.

노예들처럼 너무 많은 고통을 당한 존재들에게선, 가해진 악 때문에 경악의 비명을 질렀던 마음속 깊은 곳은 이제 죽은 것처럼 보입니다. 하지만 완전히 죽은 건 아닙니다. 다만 비명을 지르지 않을 뿐입니다. 그 깊은 곳은 끊임없이 침묵의 탄식을 내뱉는 상태에 있을 뿐입니다.

그런데 비명을 지를 힘을 아직 지닌 사람들에게서도, 그 비명은 안에서나 밖으로나 뒤따르는 말로 거의 표현되질 못합니다. 대부분의 경우 그 비명을 옮기고자 하는 말들은 완전히 부적합한 것들입니다.

이는, 다른 사람들에 의해 제일 많이 고통을 당하는 사람들이 제일 말할 줄 모르는 사람들이어서 더 그렇습니다. 경범재판소에서 어떤 불행한 사람이 미묘한 희롱을 일삼는 우아한 언어를 사용하는 판사 앞에서 말을 더듬는 걸 보는 것보다 더 참혹한 일은 없습니다.

사람의 능력들 가운데 지성을 제외하곤, 악에 맞서 비명을 지르는 마음속 깊은 곳만이 표현의 공공적 자유에 연관됩니다. 하지만 마음속 깊은 곳은 표현을 할 줄 모르므로, 자유는 별 의미가 없습니다. 그러니 우선 공공 교육이 그 깊은 곳에 가능한 한 최대로 표현수단들을 제공해야 합니다. 그리고 의견들의 공공적 표현을 위한 제도가 자유에 의해서가 아니라 그 나약하고 서툰 비명을 듣기 위해 침묵하고 주의를 기울이는 방식으로 짜여야 합니다. 또 조직들의 체계가 그 비명들을 들을 자세가 되어 있고 그러길 소망하는 사람들에게 가능한 한 최대로 지휘권을 부여해야 합니다.

정권을 장악하고 유지하려는 정당이 그 비명들 속에서 소음만을 들으리라는 건 명백합니다. 정당은 자신을 선전하는 데 방해가 되는지 도움이 되는지에 따라 그 소음에 다르게 대응하겠지요. 하지만 어떤 경우건 정당이 그 의미를 파악하기 위해 따뜻하고 통찰력 있는 주의를 기울이는 일은 없을 겁니다.

이는, 정도는 덜 하겠지만, 정당을 닮아가는 모든 조직들에서도 마찬가지입니다. 정당들의 게임이 공공적 삶을 지배하면, 노동조합이나 심지어 교회를 포함한 모든 조직이 그렇게 됩니다.

물론 정당들과 그것을 닮은 조직들은 지적인 양심과도 역시 무관합니다.

그런 종류의 조직들에서 표현의 자유가 실제론 선전의 자유로 귀착될 때, 표현될 가치가 있는 인간 마음의 유일한 부분들은 자유롭게 표현될 수 없습니다. 어쩌면 그 부분들은 전체주의 체제에서보다 겨우 조금 많을 정도의, 무한하게 작은 정도로만 표현될 수 있습니다.

그런데 이는 바로 권력의 분배가 정당의 게임을 통해 이루어지는 민주주의 속에서, 여태껏 우리 프랑스 사람들이 민주주의라고 불렀던 것 속에서, 벌어지는 일입니다. 우리는 다른 민주주의를 모릅니다. 그러니 다른 것을 발명해야 합니다.

똑같은 기준은, 모든 공공적 제도에 비슷한 방식으로 적용될 때, 똑같이 명백한 결론을 끌어낼 수 있습니다.

개인성은 그런 기준을 제공하는 게 아닙니다. 마음속 깊은 곳이 악의 공격을 당해 내지르는 고통스런 경악의 비명은 개인적인 어떤 것이 아닙니다. 개인성을 건드리거나 욕망들을 침해한다고 해서 비명이 질러지는 건 아닙니다. 비명은 고통이 불의와 접촉한다는 감각을 일깨우면 언제나 내질러집니다. 비명은 제일 밑바닥의 사람에서건 그리스도에서건 언제나 비개인적인 저항을 이룹니다.

물론 개인적 저항의 비명들도 매우 자주 질러집니다. 하지만 그것들은 중요하지 않습니다. 우리는 성스러운 것은 전혀 건드리지 않으면서도 그런 비명들을 내지르게 할 수 있습니다.

성스러운 건 개인적인 것과 거리가 멉니다. 성스러운 건 오히려 인간 존재 속에서 비개인적인 것입니다.

사람 속에선 비개인적인 모든 게 성스럽고, 오직 그것들만이 그렇습니다.

작가와 과학자들이 이상하게도 성직자의 자리를 찬탈한 이 시대에, 대중들은 아무런 합리적 근거도 없는 영합을 통해, 예술적이거나 과학적인 능력을 성스럽다고 인정하지요. 이는 일반적으로 명백한 것처럼 여겨집니다. 결코 그렇지 않지만 말입니다. 동기를 부여하려 할 때 사람들은 이렇게 말합니다. 그런 능력들을 발휘하는 게 인격적 개인성을 실현하는 최고의 형태 가운데 하나라고.

실제로 그렇습니다. 종종 그것은 단지 그러할 뿐입니다. 그 경우, 그것이 어떤 값어치를 갖고 무얼 가져다주는지 파악하기는 쉽습니다.

그것은 다음과 같은 삶의 태도들을 가져다줍니다. "충족되지 않는 욕망을 갖고 있기보단 요람 속의 아이를 질식시키는 게 낫다"는 블레이크Blake의 끔직한 문장4) 속에 표현된, 이 시대에 널리 퍼져 있는 태도, 또는 아무 값어치 없는 행위라는 개념을 만들어낸 태도가 그것입니다. 또 그것은 진리만 빼고, 가능한 모든 종류의 규범, 기준, 가치를 내포하는 일종의 과학을 가져다줍니다.

그레고리안 성가, 로마네스코 양식의 성당들,『일리아스』, 기하학의 발명은, 그것들이 우리에게까지 전해지기 위해 스며들었던 존재들에게 인격적 개인성을 실현하는 계기를 제공하지 않았습니다.

개인성의 실현 형태일 뿐인 과학, 예술, 문학, 철학은, 수천 년 동안 이름들에 생명을 불어넣을 혁혁하고 영예로운 성공이 성취되는 영역을 이룹니다. 하지만 그 영역 너머에, 훨씬 너머에, 그 영역과는 심연에 의해 분리된 다른 영역이 있고, 매우 귀중한 것들이 거기 속해 있습니다. 그것들은 본질적으로 익명적인 것들입니다.

이 다른 영역 속으로 파고든 사람들의 이름이 간직되거나 잊히는 건 단지 우연입니다. 만일 어떤 이름이 간직되더라도, 그 사람들은 익명적인 존재가 됩니다.5) 그들의 개인성은 사라집니다.

---

4)『전집』의 편집자 주에 따르면 이 문장은 윌리엄 브레이크의『천국과 지옥의 결혼』에 나오는 것입니다.

진리와 아름다움은 이러한 비개인적이고 익명적인 것의 영역에 거주합니다.

성스러운 건 이 영역입니다. 다른 영역은 성스럽지 않습니다. 다른 영역이 성스럽다면, 그건 그림 속 어떤 얼룩이 성물 ^{聖物}을 표현해서 성스러운 것과 같은 경우입니다.

과학에서 성스러운 건 진리입니다. 예술에서 성스러운 건 아름다움입니다. 진리와 아름다움은 비개인적입니다. 이는 자명합니다.

어떤 어린이가 덧셈을 틀렸다면, 그 실수는 어린이의 개인성의 흔적을 지닙니다. 반면, 어떤 어린이가 완벽하게 정확한 방식으로 덧셈을 해냈다면, 그 계산에서 그의 개인성은 부재합니다.

완전함은 비개인적입니다. 우리의 개인성은 우리 안의 실수와 죄의 부분입니다.6) 여태껏 신비주의자들이 바친 모든 노력의 목표는 '나'라고 말하는 부분이 그들의 마음에서 완전히 소멸하는 것이었듯이 말입니다.

그런데 '우리'라고 말하는 마음의 부분은 그보다 무한히 더 위험합니다.

---

5) 『전집』의 편집자 주에선 이해를 돕기 위해 다음과 같은 시몬 베유의 말을 인용하고 있습니다. "예술 작품에는 작가가 있습니다. 하지만 그 작품이 완전할 땐, 본질적으로 익명적인 어떤 것을 갖습니다. 그 작품은 신적인 예술의 익명성을 모방합니다"(『전집』 VI-2권, 341쪽).
6) 『전집』의 편집자 주에선 이해를 돕기 위해 다음과 같은 시몬 베유의 말을 인용하고 있습니다. "비개인적인 것이 마음속에 뿌리를 내리고 자라나면, 모든 선善을 끌어들입니다. 개인성의 고유한 속성은 오직 악입니다"(『전집』 VI-4권, 87쪽).

비개인적인 것으로의 이동은 아주 드문 자질의 주의attention를 통해서만 이루어지고 고독 속에서만 가능한 것입니다. 사실적인 고독만이 아니라 정신적인 고독 속에서도 말입니다. 비개인적인 것으로의 이동은 스스로를 어떤 집합의 일원으로, 어떤 '우리'의 일부로 생각하는 사람에게선 결코 일어나지 않습니다.

집합성 속의 사람들은 비개인적인 것에 가닿지 못합니다. 저급한 형태의 것에라도 말입니다. 인간 존재들의 집단은 덧셈조차 하지 못합니다. 덧셈은 다른 정신이 존재한다는 걸 순간적으로 망각하는 한 정신을 통해서 행해지는 것이지요.

개인적인 것은 비개인적인 것에 대립하지만, 둘 사이엔 통로가 있습니다. 하지만 집합적인 것에서 비개인적인 것으로 가는 통로는 없습니다. 집합성이 분리된 개인성들로 해체돼야만 비개인적인 것으로의 진입이 가능해집니다.

바로 이런 의미에서만, 개인성은 집합성보다 성스러움에 더 많이 관여합니다.

집합성은 성스러움에 낯선 것일 뿐만 아니라, 성스러움을 잘못된 방식으로 흉내 내면서 길을 잃습니다.

집합성에 성스러운 성격을 부여하는 건 우상숭배라는 잘못입니다. 이 잘못은 모든 시대, 모든 나라에 가장 널리 퍼져 있는 범죄입니다. 반면, 개인성의 실현만을 중시하는 사람은 성스러움의 의미 자체를 완전히 상실합니다.[7] 이 두 잘못 중 어떤 게 더 나쁜지는 알기 힘듭니다.

종종 이 두 잘못은 같은 정신 속에서 여러 비율로 뒤섞이지요. 하지만 두 번째 잘못은 첫 번째 잘못보다 훨씬 적은 에너지와 지속성을 갖습니다.

영적 관점에서 보자면, 1940년의 독일과 프랑스의 전쟁은 야만과 문명의 전쟁이나 악과 선의 전쟁이 아니라, 첫 번째 잘못과 두 번째 잘못 사이의 전쟁입니다. 첫 번째 잘못의 승리는 놀라운 것이 아니지요. 첫 번째 잘못은 그 자체로 제일 강력합니다.

개인성이 집합성에 종속되는 건 스캔들이 아닙니다. 그건 저울 위에서 몇 그램, 몇 킬로그램이 나가느냐 하는 사실처럼, 기계적 사실들의 질서에 속합니다. 실제로 개인성은 언제나 집합성에 종속되어 있습니다. 사람들이 개인성의 실현이라고 칭하는 것도 포함해서 말입니다.

예컨대 스스로의 예술을 개인성의 실현으로 여기는 예술가와 작가들이야말로 대중의 취향에 가장 종속된 사람들입니다. 빅토르 위고는 자기 숭배와 "울려 퍼지는 목소리écho sonore"의 역할8)을 어떤 어려움도 없이 조화시킵니다. 오스카 와일드나 지드 또는 초현실주의자들의 경우는 더욱 명백하지요. 같은 태도의 학자들도 또한 유행에 종속됩니다. 유행의 영향력은 모자의 형태에서보다 과학에서 더 강력합니다. 전문가들의 집합적 의견은 학자들 개개인에게 거의 전제적인 권력을 행사하지요.

---

7) 『전집』의 편집자 주에 따르면 시몬 베유는 이 문장에서 자크 마리탱을 염두에 두고 있습니다.
8) 아마도 사회적 대변자의 역할을 뜻하는 듯한데, 확실하진 않습니다.

개인성은 실제로, 사물의 본성에 의해, 집합성에 종속됩니다. 개인성에의 자연적 권리란 존재하지 않습니다.

고대에는 개인성에 대한 존중의 관념이 없었다고 말하는 건 올바릅니다. 고대엔 그처럼 혼란스런 개념에 대해 너무도 명료하게 생각을 했기 때문입니다.

인간 존재가 집합성에서 빠져나오는 건 개인성을 뛰어넘어 비개인적인 것 속으로 진입할 때뿐입니다. 그 순간 그에겐 무엇인가가 있습니다. 그 어떤 집합성도 사로잡을 수 없는 마음의 어떤 작은 조각 말입니다. 만일 그가 비개인적인 선善 속에 뿌리를 내린다면, 그 속에서 에너지를 끌어낸다면, 그는 다음 상태에 있게 됩니다. 그래야 한다고 생각할 때마다, 어떤 형태의 것이건 아무런 집합성에, 다른 집합성에 의지하지 않은 채로, 아주 작지만 실질적인 힘을 갖고 맞부딪힐 수 있는 상태 말입니다.

무한하게 작은 힘이 결정적인 경우들이 있습니다. 물론 집합성은 한 사람보다 훨씬 강합니다. 하지만 모든 집합성은 존재하기 위해서 덧셈이 기초적인 예를 이루는 연산演算들이 필요한데, 이 연산들은 고독의 상태에 있는 정신 속에서만 성취됩니다.

그런 필요로 인해 비개인적인 것은 집합적인 것을 장악할 수 있습니다. 우리가 그 연산들을 사용하는 방법을 배운다면 말입니다.

비개인적인 것의 영역으로 진입한 사람들은 그 안에서 모든 인간 존재에 대한 책임감과 마주칩니다. 인간 존재에게서 개인성 자체가 아니라, 개인성이 가린 비개인적인 것 속으로 진입할 허약한 가능성을 지닌 모든 걸 보호해야 할 책임감이 그것입니다.

    우선 그런 사람들에게 인간 존재의 성스러움을 존중해주길 요청해야 합니다. 들을 준비가 된 사람들에게 행해져야만 요청이 존재할 수 있기 때문입니다.

    어떤 집단에 그 구성원들 각각에겐 침범할 수 없는 어떤 게 있다고 설명하는 건 쓸모없습니다. 우선 집합성은, 픽션에서가 아니라면, 누군가가 아니기 때문입니다. 또 집합성은, 추상적이 아니라면, 존재하지 않기 때문입니다. 집단에게 말을 건넨다는 건 허구입니다. 그리고 만일 집합이 누군가라면, 그 누군가는 다만 자신만을 존중할 것입니다.

    게다가 제일 큰 위험은 개인성을 짓누르려는 집합적인 것의 경향성이 아닙니다. 제일 큰 위험은 집합적인 것에게로 서둘러 달려가 그 속에 빠져버리는 개인성의 경향성입니다. 어쩌면 첫 번째 위험은 이 두 번째 위험의 표면적이고 기만적인 측면일 것입니다.

    어떤 집단에게 개인성이 성스럽다고 말하는 게 쓸모없듯, 개인에게 개인성이 그 자체로 성스럽다고 말하는 것도 쓸모없습니다. 개인은 그걸 믿을 수 없습니다. 개인은 스스로가 성스럽다고 여기질 않습니다. 개인이 그처럼 여기는 걸 가로막는 원인은 다음의 사실입니다. 즉 개인성은 실제로 성스럽지 않다는 사실.

    어쩌면 다른 증언을 하는 사람들이 있을지도 모르겠습니다. 그들의 고유한 개인성이 그들 자신에게 성스러움의 느낌을 주고, 그래서 성스러움의 느낌을 모든 개인성에 일반화할 수 있다고 믿는 사람들 말입니다. 하지만 그들은 이중의 환상 속에 있습니다.

그들이 경험하는 건 진정한 성스러움의 느낌이 아닙니다. 그건 집합성이 만들어내는 거짓된 흉내입니다. 그들이 자신의 고유한 개인성에 관해 그런 느낌을 갖는다면, 그건 그들의 개인성이 사회적 평가에 따른 집합적 위세에서 한 자리를 차지하기 때문입니다. 그들의 개인성은 사회적 평가의 장소인 것이지요.

그러니 일반화할 수 있다는 그들의 믿음은 잘못됐습니다. 그런 잘못된 일반화가 관대한 마음에서 비롯되더라도, 사람 안의 익명적인 질료가 익명적이길 그치게 되는 건 아닙니다. 그들이 이것을 알아차리긴 무척 힘든데, 그 질료와 접촉이 없기 때문입니다.

사람 안에서 개인성은 고통스런 어떤 것이고, 추위를 타서 피난처와 따뜻함을 찾아 달려가는 것입니다.

비록 기대 속에서일지라도 사회적 평가가 개인성을 따뜻하게 감싼 사람들은 이를 모릅니다.

그렇기 때문에 인격주의 철학은 민중적인 세계에서가 아니라, 직업적으로 명성과 평판을 누리거나 그러길 희망하는 작가들의 세계에서 생겨나고 퍼져나갑니다.

집합성과 개인성의 관계는, 마음속의 비개인적 부분의 성장과 신비로운 발아發芽를 방해하는 것들을 제거한다는 유일한 목표 아래 확립되어야 합니다.

이를 위해선 한편으로 각각의 개인성 주위에 공간이 있어야 하고, 시간에 대한 어느 정도의 자유로운 처분권, 점점 더 높은 주의력을 가질 가능성, 고독, 침묵이 있어야 합니다. 그리고 다른 한편으론 개인성이 온기 속에 머물러야 합니다. 괴로움이 개인성을 집합성 속에 빠져들게 하지 않도록 말입니다.

이러한 것이 선^善이라고 할 때, 이른바 민주적이라는 현대 사회는 악의 방향으로 무척 멀리 나아가 있습니다. 특히 현대의 공장은 공포의 극한에서 그다지 멀리 떨어져 있지 않습니다. 공장에서 각각의 인간 존재는 낯선 의지의 지배에 따라 학대받고 찔립니다. 또 그들의 마음은 냉담함, 고뇌, 포기 속에 머뭅니다. 그들에겐 따뜻한 침묵이 필요하지만, 막상 주어지는 건 얼음 같은 소란스러움입니다.

육체노동은 고통스런 것이지만, 그 자체가 추락은 아닙니다. 육체노동은 예술도 아니고 과학도 아닙니다. 하지만 육체노동은 예술이나 과학과 절대적으로 똑같은 가치를 갖는 다른 것입니다. 왜냐하면 육체노동은 집중의 비개인적 형태에 가닿을 수 있는 똑같은 가능성을 제공하기 때문입니다.

만일 와토[9]가 청소년일 때 눈을 멀게 해서 맷돌을 돌리게 했더라도, 단순노동이 천직인 아이를 공장 라인에 세우거나 단순 기계로 삯일을 시키는 것보다 더 큰 범죄는 아니었을 겁니다.[10] 다만 그 아이의 천직은 화가의 천직과는 달리 식별되는 건 아니겠지만요.

육체노동은 비록 방식은 다르더라도 예술이나 과학과 정확하게 똑같은 정도로 세계의 현실, 진리, 아름다움 그리고 세계의 질서에 내재

---

9) 와토Jean-Antoine Watteau (684~1721). 프랑스의 화가.
10) 베유는 천직으로서의 단순노동과 범죄로서의 공장노동을 대립시키고 있습니다.

한 영원한 지혜와 일정하게 접촉하는 것입니다.

바로 이 때문에 노동을 타락시키는 건, 제물을 발로 짓밟는 것과 똑같이 신성모독인 것이지요.

노동하는 사람들이 이를 알아차린다면, 그들이 신성모독의 피해자였고 또 일정하게 그 공범이었음을 알아차린다면, 그들의 저항은 개인성이나 권리에 대한 생각이 불러일으키는 것보다 훨씬 폭발적일 겁니다. 그것은 단순한 요구가 아닙니다. 그것은 강제로 사창가에 잡혀온 젊은 여성에게서처럼 야생적이고 절망적인, 존재 전체의 반발일 것입니다. 하지만 동시에 그건 가슴 속 깊은 곳에서 솟아나는 희망의 외침이기도 할 것입니다.

그 감정은 분명히 그들 안에 있는 것이지요. 하지만 너무도 불분명해서 그들 스스로도 제대로 파악할 수 없습니다. 전문적인 언어학자도 그걸 표현하게 할 도리가 없습니다.

그들의 삶에 대해 말할 때면, 사람들은 일반적으로 그들의 임금에 대해 말하길 선택합니다. 그들은 숫자의 손쉬운 명백함을 안도하며 받아들입니다. 주의를 기울이는 어떤 노력도 불가능하게 그들을 짓누르는 피로로 인해서 말입니다.

그래서 그들은 잊어버립니다. 그들이 팔아넘기는 것이, 너무 헐값에 내놓도록 강제되어 정당한 가격을 받지 못한다고 그들이 불평하는 것이, 다른 것이 아니라 바로 그들의 영혼임을 말입니다.

상상을 해봅시다. 지금 악마가 어떤 불행한 사람의 영혼을 사려 한다고. 그런데 그 불행한 사람을 동정한 어떤 사람이 끼어들어서 악마에게 이렇게 말한다고. "부끄럽지도 않나요? 그렇게 헐값을 매기다니요? 그건 적어도 두 배는 더 나가는 것이에요."

여태껏 노동운동이 그들의 조합과 함께, 그들의 정당, 좌파 지식인들과 함께 벌여온 것이 이런 음침한 희극입니다.

이런 흥정의 정신은 이미 권리의 개념 속에 함축되어 있습니다. 1789년의 사람들은 세계의 면전에 대고 외치고 싶었던 것의 핵심에 부주의하게도 권리의 개념을 삽입했습니다. 이는 그 외침의 건강함을 미리 망쳐버리는 것이었지요.

권리의 개념은 분배, 교환, 양률의 개념과 연결되어 있습니다. 권리의 개념은 뭔가 상업적입니다. 그 개념은 그 자체로 소송이나 변론을 떠올리게 합니다. 권리는 오직 요구의 음조音調에 의해서만 지탱되지요. 그리고 그런 음조를 선택하면, 배후의 멀지 않은 곳에 힘이 있어서 그 음조를 추인합니다. 그렇지 않다면, 그런 음조는 우스꽝스럽지요.

같은 범주에 속하는 수많은 개념들이 있습니다. 그런 개념들은 초자연적인 것과는 그 자체로 동떨어진 것이지만, 난폭한 힘보다는 약간 상위에 있습니다. 그 개념들은 모두, 플라톤의 언어를 사용하자면, 집합적 짐승의 풍속에 연관된 것이고, 그렇지만 은총의 초자연적 노동이 길들인 자국들을 집합적 짐승이 간직하고 있을 때의 것들입니다. 만일 그 개념들의 존재가 그런 노동의 부단한 반복에 의해 갱신되지 않는다면, 그래서 그 노동의 유물에 불과하다면, 그 개념들은 필연적으로 짐승의 변덕에 종속됩니다.

권리, 개인성, 민주주의의 개념은 그 범주에 속합니다. 베르나노스Bernanos는 민주주의는 독재에 맞서 어떤 방어도 하지 않는다고 용기 있게 지적했지요. 개인성은 본성에 따라 집합성에 종속됩니다. 권리는 본성에 따라 힘에 의존합니다. 이 진실들을 가리고 있는 거짓말과 오류 들은 극단적으로 위험합니다. 힘에서 벗어나 힘으로부터 스스로를 지키는 유일한 것, 즉 영적인 빛이라는 다른 힘의 도움을 받는 걸 가로막기 때문입니다. 초록 잎이 흡수한 태양 에너지가 수액 속에 작용하는 식물을 빼곤, 무게가 나가는 물질은 중력을 거슬러 오르지 못합니다. 하지만 식물도 빛을 빼앗기면 서서히 그러나 가혹하게 중력과 죽음에 예속됩니다.

앞의 거짓말들 가운데 17세기 유물론자들이 만들어낸 자연법droit naturel(=자연적 권리) 개념이 있습니다. 명철하고 강력한 정신이자 진정으로 그리스도교적인 영감에 고취된 정신인 루소가 아니라, 디드로와 백과전서파가 자연법 개념을 만들어냈습니다.

권리의 개념은 로마에서 비롯됐습니다. 고대 로마 — 묵시록에 나온, 신을 모독하는 이름들로 가득한 여자와 같은 — 에서 생겨난 다른 모든 것처럼, 그 개념은 이교도적이고 세례를 받을 수 없는 것입니다. 로마인들은 히틀러처럼 힘이 완전하고 효율적이려면 이념으로 장식돼야 한다는 걸 알았고, 그래서 권리 개념을 이용했습니다. 권리 개념은 거기에 아주 잘 들어맞는 것이었지요. 사람들은 말합니다. 지금의 독일이 권리를 무시한다고. 하지만 프롤레타리아 민족을 내세우는 독일의 주장에 권리 개념은 질리도록 이용되었습니다. 그런데 독일은 자신이 정복한 다른 민족들에겐 복종할 권리를 빼곤 다른 권리를 인정하지 않지요. 고대 로마도 그랬습니다.

우리에게 권리 개념을 물려줬다고 고대 로마를 찬양하는 건 유별난 스캔들입니다. 그 성격을 파악하려고 발생지에서의 권리 개념을 검토하면, 이용하고 남용할 권리에 의해 재산이 규정되어 있음을 발견하기 때문입니다. 그리고 모든 소유자가 이용하고 남용할 권리를 지녔던 사물들 가운데 대부분이 인간 존재들이었기 때문입니다.

그리스인들에겐 권리의 개념이 없었습니다. 그들에겐 그런 것을 표현할 단어들이 없었습니다. 그리스인들은 정의라는 단어로 만족을 했지요.

사람들11)이 안티고네의 불문법不文法을 자연법과 동일시한 건 유별난 혼동입니다. 크레옹Créon의 관점에선, 안티고네가 행한 건 손톱만큼도 자연적인 게 아니었지요. 크레옹은 안티고네가 미쳤다고 판단했습니다.

크레옹과 정확하게 똑같이 생각하고 말하고 행동하는 현재의 우리들이 크레옹이 잘못했다고 말할 순 없을 겁니다. 텍스트에서 그걸 확인할 수 있습니다.

안티고네는 크레옹에게 말합니다. "그 법을 만든 건 제우스가 아닙니다. 사람들 사이에 그런 법을 정한 건 저 세상 신들의 친구인 정의도 아닙니다."

---

11) 『전집』의 편집자 주에 따르면 시몬 베유가 '사람들'이란 표현으로 염두에 두고 있는 건 자크 마리탱입니다.

크레옹은 그의 명령이 정당하다고 안티고네를 설득하려 합니다. 그는 안티고네가 한 형제를 명예롭게 하면서 다른 형제를 모독한다고 비난합니다. 불경한 사람과 충성한 사람에게, 조국을 파괴하려다 죽은 사람과 조국을 지키려다 죽은 사람에게 똑같은 명예를 부여했기 때문입니다.

안티고네는 말합니다. "하지만 저 세상은 평등한 법을 요청합니다." 크레옹은 양식 있게 반박합니다. "용감한 사람과 배신자가 똑같은 몫을 가질 순 없습니다." 안티고네는 결국 이렇게 부조리하게 대답합니다. "어떻게 아니요? 저 세상에선 그게 정당할런지."

크레옹의 주장은 완전히 조리가 있습니다. "그러나 적은 죽은 다음에라도 결코 친구가 될 수 없습니다." 하지만 어리석은 여자는 대답하지요. "저는 미워하기 위해서가 아니라 사랑하기 위해서 태어났어요."

크레옹은 더욱 조리가 있습니다. "그러면 저 세상으로 가세요. 당신이 사랑해야 한다면, 그곳에 있는 사람들을 사랑하세요."12)

실제로 그곳이 안티고네의 진짜 자리입니다. 이 젊은 여성이 복종하는 불문법은 권리나 자연적인 것과는 아무 공통점도 없는, 그리스도를 십자가로 이끈 극단적이고 부조리한 사랑일 뿐이니까요.

저 세상 신들의 친구인 정의는 사랑의 이러한 과잉을 명령합니다. 그러나 어떤 권리도 사랑을 명령하지 않을 것입니다. 권리는 사랑과

---

12) 소포클레스 외, 『희랍비극』(동서문화사, 1978)에서의 조우현 선생님의 번역을 참조해서 도움을 받았습니다.

직접적 연관이 없습니다.

권리의 개념은 그리스 정신에 낯선 것이듯이, 그리스도교적인 영 감에도 낯선 것입니다. 만일 이것들에 권리 개념이 있다면, 로마적이 거나 히브리적이거나 아리스토텔레스적인 유산에 오염되지 않은 순수 한 것이겠지요. 어쨌거나 아시시의 프란체스코가 권리에 대해 말하는 건 상상할 수 없는 일입니다.

우리가 사려 깊은 어떤 사람에게 "당신이 제게 한 일은 정의롭지 않아요"라고 말한다고 해봅시다. 이 말은 주의력 있는 사랑의 정신을 두드려 그 원천에서부터 깨워낼 것입니다. 하지만 "저는 …… 할 권리 가 있어요"나 "당신은 …… 할 권리가 없어요" 같은 말들은 그렇지 않 지요. 그런 말들은 잠재적인 전쟁을 내포하고 전쟁의 정신을 일깨웁니 다. 권리의 개념이 사회적 갈등의 핵심에 위치하게 되면, 쌍방은 상대 에 대한 따뜻한 배려의 모든 여지를 잃게 됩니다.

권리 개념이 거의 전적으로 사용되면, 진짜 문제는 실종됩니다. 시 장에서 어떤 사람이 달걀을 싼 값에 팔라고 은연중에 압력을 넣으면, 농부는 "적정한 값을 내지 않으면 저는 달걀을 팔지 않을 권리가 있어 요"라고 아주 온당하게 말할 수 있습니다. 하지만 사창가에 잡혀와 팔 려 넘어갈 위기에 처한 어떤 여성이 그의 권리를 말하진 않을 겁니다. 그런 상황에서 권리라는 단어는 그 부족함으로 인해 우스꽝스럽습니다.

이 둘째 상황과 유사한 사회적 비극은, 권리라는 단어를 사용함에 따라 오히려 첫째 상황과 유사한 것처럼 잘못 비춰집니다.

권리라는 말은, 창자 깊은 곳에서 내지르는 비명이어야 마땅한 것을 순수하지도 않고 결실도 없을 요구를 내뱉는 성가신 불평으로 만들어버리지요.

권리의 개념은 보잘것없는 것이기 때문에 개인성 개념과 자연스럽게 연결됩니다. 권리는 개인적인 것과 관계하기 때문입니다. 권리는 그 수준에 위치하지요.

권리라는 말에 개인성이란 말이 덧붙여지면, 자기실현의 개인적 권리를 추구하게 되고, 그 결과 더욱 심각한 악이 행해집니다. 그래서 억압받는 사람들의 비명은 요구의 음조보다 더 추락해서 염원의 음조를 갖게 됩니다.

개인성은 사회적 위세가 뒷받침해줄 때만 실현되기 때문입니다. 개인성의 실현은 사회적 특권입니다. 사람들은 대중들에 대해선 개인성의 권리를 언급하면서 자기실현을 말하지 않습니다. 오히려 반대 되는 걸 말하지요. 그런데 대중은 그걸 명백히 알아차릴 만큼의 충분한 분석 능력을 갖고 있질 않습니다. 그걸 느끼긴 하지요. 일상적 경험이 그걸 확인해주니까요.

하지만 그렇다고 대중들이 그 슬로건을 밀쳐낼 수 있는 건 아닙니다. 지적으로 퇴화한 이 시대에 사람들은 아무 어려움 없이 말을 하지요. 모두가 동등한 특권을 지녀야 하고, 그 자체가 특권적인 것들에 동등한 몫을 가져야 한다고. 하지만 이런 요구는 부조리하고 천박합니다. 부조리한 건 특권이 그 자체로 불평등한 것이기 때문이고, 천박한 건 특권은 욕망할 만한 가치가 없는 것이기 때문입니다.

요구를 하고 모든 걸 주장하면서 말을 독점하는 사람들은 특권적 집단에 속한 사람들입니다. 이들은 특권이 욕망할 가치가 없다고 말하지 않습니다. 이들은 그렇게 생각하지 않습니다. 만일 그렇게 생각한다면 외설스런 일이지요.

필요불가결하고 사람들을 구원할 수 있을 수많은 진실들은 이런 식의 이유 때문에 말해지는 게 아닙니다. 그 진실들을 말할 수 있는 사람들은 표현 능력이 없고, 표현 능력이 있는 사람들은 그 진실들을 말할 수 없습니다. 이런 악은 진정한 정치가 해결해야 하는 긴급한 문제입니다.

불안정한 사회에서 특권자들은 허위의식을 가집니다. 어떤 이들은 그걸 감추고 대담하게 대중들에게 말합니다. "당신들이 갖지 못하는 특권을 제가 갖는 건 완전히 온당합니다"라고. 다른 이들은 온정적인 태도로 이렇게 말합니다. "저는 주장합니다. 제가 가진 특권들을 여러분 모두 똑같이 가져야 합니다"라고.

첫 번째 태도는 구역질납니다. 둘째 태도는 양식良識이 없습니다. 마찬가지로 너무 손쉬운 것이지요.

그런데 둘 다 모두 사람들을 자극합니다. 나쁜 길을 뒤쫓으라고. 그들이 아직 갖고 있지 않지만 어떤 면에선 그들의 손닿을 곳에 있는 유일하고도 진정한 선善에서 멀어지라고. 대중은 그들을 동정하는 사람들보다 진정한 선에 훨씬 가까이 있습니다. 아름다움, 진실, 기쁨 그리고 충만의 원천인 진정한 선에 말입니다. 하지만 아직은 그곳에 있지 않고 또 그리로 어떻게 가야하는지 몰라, 모든 일은 마치 대중들이 선에서 무한히 멀리 떨어져 있는 듯 벌어집니다. 대중에게 말하는 사람들도 마찬가지로 이해하질 못합니다. 대중들이 어떤 곤경에 처해있고, 충만한 선이 얼마나 그들의 손에 거의 닿을 듯한 곳에 있는지를. 대중을 반드시 이해해야 합니다.

불행은 그 자체가 말해질 수 없는 것입니다. 불행한 사람들은 침묵 속에서 애원을 하지요. 표현할 수 있도록 말들을 제공해달라고. 그들의 요청이 들리지 않았던 시대들이 있습니다. 또 그들에게 잘못 고른 말들을 제공했던 시대들도 있었지요. 해석해야 했던 고통이 말을 고른 사람들에게 낯설었기 때문입니다.

대부분의 경우 상황들이 그처럼 말을 고른 사람들에게 부여했던 위치들은 불행에서 멀리 떨어져 있었습니다. 그들이 불행에 가까이 있었더라도, 또는 삶의 어떤 시기에, 심지어 아주 가까운 시기에 불행 속에 있었더라도, 불행은 여전히 그들에게 낯섭니다. 그들은 가능한 한 빨리 그 불행을 낯선 것으로 만들어버리니까요.

살아있는 몸이 죽음을 혐오하듯이, 생각은 '불행에 대해 생각하는 것'을 혐오합니다. 어떤 정신이 그렇게 하지 않을 힘을 지니고서도 아주 가까운 곳의 실제의 불행에 주의를 기울이는 건 다음의 것만큼이나 불가능합니다. 즉 사냥개들에게 한 걸음 한 걸음 다가가 그들의 이빨에 스스로를 제물로 바치는 사슴의 자기 봉헌만큼이나.

이는 선善에 반드시 필요한 것이지만, 자연 안에선 불가능합니다. 그러나 초자연적으론 언제나 가능하지요.

초자연적 선은 자연적 선을 보충하는 게 아닙니다. 사람들은 우리가 안심하게 아리스토텔레스에 기대어13) 그렇다고 설득하려 들지만 밀입니다. 만일 그렇다면 편안하겠지요. 그러니 그렇지 않습니다. 인간 실존의 모든 첨예한 문제들에선, 오직 초자연적 선과 악 사이의 선택만이 관건입니다.

불행한 사람들의 입에 가치의 평균 지대에 속하는 민주주의, 권리, 개인성 같은 단어를 넣어주는 건, 그들에게 어떤 선善도 가져다줄 수 없는, 그러므로 반드시 수많은 악을 가져다줄 선물을 하는 것입니다.

그 개념들은 하늘에 거처를 갖지 않고, 허공에 매달려 있습니다. 그래서 그 개념들은 땅 위에도 자리 잡지 못합니다.

오직 하늘에서 끊임없이 내려오는 빛만이 튼튼한 뿌리를 땅속 깊이 내리게 하는 에너지를 나무에게 제공하지요. 나무는 실제론 하늘에 뿌리박고 있습니다.

오직 하늘에서 내려오는 것만이 땅 위에 실제로 표식을 새겨 넣을 수 있습니다.

불행한 사람들을 효과적으로 무장시키려면, 하늘에, 하늘 너머에, 다른 세계에 자신들의 거처를 갖는 단어들을 입에 넣어줘야 합니다. 그게 불가능하리라고 걱정할 필요 없습니다. 불행으로 인해 영혼은 그곳에서 오는 모든 걸 굶주린 듯 받아들여 마십니다. 이런 종류의 것과 관련해선, 소비자들이 아니라 공급자들이 부족합니다.

13) 『전집』의 편집자 주에 따르면, 시몬 베유는 『전집』 Ⅵ-4권 384~385쪽에서 아리스토텔레스의 자연주의가 초자연적인 사랑을 불가능하게 한다고 말합니다.

단어들을 선택하는 기준을 식별하고 채택하는 건 쉽습니다. 악 속에 잠긴 불행한 사람들은 선을 열망합니다. 그러니 오직 선만을, 순수한 상태의 선만을 표현하는 단어들을 그들에게 주어야합니다. 구별은 쉽습니다. 악을 가리키는 어떤 것과 결합할 수 있는 단어들은 순수한 선과 무관합니다. 사람들은 "그는 개인성을 앞세워"라고 말하면서 힐난을 하지요. 그러므로 개인성은 선과 무관합니다. 우리는 민주주의의 오용誤用을 말할 수 있습니다. 그러므로 민주주의는 선과 무관합니다. 권리를 소유했다면, 잘 사용할 수도 잘못 사용할 수도 있지요. 그러니 권리는 선과 무관합니다. 반대로, 의무obligation의 완수는 어디서건 항상 선입니다. 진실, 아름다움, 정의, 연민은 어디서건 항상 선입니다.

불행한 사람들의 소망이 관건일 때 말해야 하는 걸 말했다는 확신을 가지려면, 언제 어디서건 어떤 상황에서건 오직 선만을 표현해주는 단어들과 문장들만 사용하면 됩니다.

그건 우리가 불행한 사람들에게 단어들로 제공할 수 있는 단 두 가지 서비스 가운데 하나입니다. 다른 하나는 그들의 불행의 진실을 표현해주는 단어들을 찾아내는 겁니다. 이 단어들은 "사람들은 왜 제게 이런 악을 행합니까?"라는, 언제나 침묵 속에서 내지르는 비명을 외적 상황들을 통해서 느끼게 해주는 것들이지요.

이 두 가지 서비스를 재능 있는 사람, 명사名士, 유명인들에게서 기대해선 안 됩니다. 또 일반적으로 천재라 칭해지는 사람들에게서 기대해도 안 됩니다. 천재라는 말을 '재능'이라는 말로 잘못 이해해서 사용하기 때문입니다. 그러니 오직 일급의 천재들로부터만 기다려야 합니다. 이를테면 『일리아스』를 쓴 시인, 아이스퀼로스, 소포클레스, 『리어왕』을 쓰던 때의 셰익스피어14), 『페드르』를 쓰던 때의 라신15)이 그들입니다

그런데 다음 같은 사람들이 무척 많습니다. 자연이 재능을 보잘것없게 또는 잘못 부여해서 호메로스, 아이스퀼로스, 소포클레스, 셰익스피어, 라신은 말할 것도 없고, 심지어 비르길리우스, 코르네유, 위고보다도 무한히 열등해 보이지만, 실제론 이 후자의 사람들이 범접도 못하는 비개인적 선善의 왕국 안에 살고 있는 사람들 말입니다.

어떤 마을에 말 그대로의 백치가 있어서 진실을 진정으로 사랑하지만 버벅거리면서 가까스로 말을 할 수 있다고 해봅시다. 그 백치는 생각의 면에서 아리스토텔레스보다 무한히 앞서 있습니다.16) 그는 아리스토텔레스와 비교도 할 수 없을 정도로 플라톤과 무한히 가깝습니다. 아리스토텔레스에겐 오직 재능이란 단어만이 어울리지만, 그 백치는 천재입니다. 만일 어떤 요정이 그에게 다가와 그의 운명을 아리스토텔레스의 것과 유사한 운명과 맞바꾸라고 한다면, 단호하게 거부해야 현명할 것입니다. 하지만 그는 이에 대해 아무것도 모릅니다. 누구

---

14) 『전집』의 편집자 주에 따르면 시몬 베유는 셰익스피어의 작품들 가운데 『리어왕』만을 일급으로 여겼습니다.
15) 『전집』의 편집자 주에 따르면 시몬 베유는 라신의 작품들 가운데 『페드르』만을 일급으로 여겼습니다.
16) 『전집』의 편집자 주에선 시몬 베유가 『전집』 VI-4권의 385쪽에서 "아리스토텔레스는 오직 썩은 열매만을 맺는 나쁜 나무입니다. 어떻게 그걸 모를 수 있을까요?"라고 한 것을 상기시키고 있습니다.

도 그에게 그걸 말해주지 않습니다. 모두가 반대의 것을 말해줍니다. 그에게 그것을 말해줘야만 합니다. 백치들에게 용기를 줘야만 합니다. 백치들은 재능이 없는 사람들, 보잘것없거나 겨우 평균을 넘어서는 재능을 가진 사람들이지만, 천재성을 지닙니다. 그들이 교만해질까봐 두려워할 필요는 없습니다. 진실에 대한 사랑은 항상 겸손을 동반합니다. 진짜 천재성이란 다른 게 아닙니다. 그것은 생각의 영역에서 겸손이라는 초자연적 미덕일 뿐입니다.

1789년에 그랬던 것처럼 재능의 꽃핌을 격려할 것이 아니라, 천재의 성장을 따뜻한 존경심으로 귀중히 여기고 북돋아야 합니다. 진정으로 순수한 영웅들만이, 성인들과 천재들만이 불행한 사람들을 도울 수 있기 때문입니다. 이들과 불행한 사람들 사이에, 재능, 지성, 에너지, 기개, 강한 개성을 가진 사람들이 장벽을 설치하고 구조救助를 가로막습니다. 그 장벽에 해를 가하는 걸 피하면서, 그것을 살짝 옆으로 치워놓아야 합니다. 가능한 한 알아차리지 못하게 말입니다. 그리고 훨씬 위험한 집합성의 장벽을 깨트려야 합니다. 당파성의 정신이 어떤 형태로건 거주하는 우리의 제도와 풍속의 모든 부분을 제거하면서 말입니다. 명사들이나 정당들은 진실이나 불행에 결코 귀 기울이지 않습니다.

진실과 불행은 자연스런 연합을 이루고 있습니다. 둘 다 모두 침묵 속에서 애원하는 존재들이기 때문입니다. 우리 앞에 아무런 목소리 없이 머물도록 영원히 선고받았기 때문입니다.

마치 밭에서 홍당무를 훔치다 붙잡혀 판사 앞에 선 부랑자처럼 말입니다. 판사는 편안히 앉아 질문들, 논평들, 우스개들을 우아하게 펼쳐냅니다. 그 부랑자는 심지어 더듬거리지조차 못합니다. 이처럼 진실은, 우아하게 여론에 동조하는 데 골몰하는 지성 앞에 서 있습니다.

언어는 겉보기에 침묵하는 사람들에게서도 언제나 여론을 만들어냅니다. 우리가 지성이라 칭하는 자연적 능력은 여론과 언어에 상관적입니다. 언어는 관계를 말합니다. 하지만 언어는 시간 속에 펼쳐지기 때문에, 관계를 아주 조금밖에 말하지 못합니다. 만일 언어가 혼란스럽고 모호하고 엄밀하지 못하고 무질서하다면, 만일 생각을 견지할 힘이 약한 정신이 언어를 말하고 듣는다면, 언어는 관계들에 대한 실질적 내용을 완전히 또는 거의 결여합니다. 만일 언어가 완전히 명료하고 세밀하고 엄격하고 질서 잡혀 있다면, 만일 이미 품은 어떤 생각을 다른 생각을 떠올리는 동안에도 간직하고, 세 번째 생각을 떠올리는 동안에도 이 두 번째 생각을 간직할 수 있고, 계속 연이어 그럴 수 있는 정신에게 언어가 건네진다면, 언어는 관계들을 상대적으로 풍요롭게 내포할 수 있습니다. 하지만 다른 모든 풍요로움과 똑같이 이 상대적 풍요로움은 처참하게 빈약한 것입니다. 유일하게 욕망할 만한 완전함에 비할 때 말입니다.

아무리 좋게 생각하더라도, 언어 속에 갇힌 정신은 감옥에 갇혀있는 것입니다. 그 정신의 한계는 말들이 그 안에 동시에 현존시킬 수 있는 관계들의 양僵 만큼입니다. 그런 정신은 더 많은 수의 관계들의 조합을 내포하는 생각들을 알 수 없습니다. 이 생각들은 언어 바깥에 있고, 서술될 수 없습니다. 비록 그 생각들이 완전히 엄밀하고 명료하며,

그 생각들을 이루는 각각의 관계들이 완벽히 정교한 단어들로 표현될 수 있더라도 말입니다. 그러므로 정신은 부분적 진실로만 국한된 공간 속에서 움직입니다. 이 공간은 크거나 작을 수 있지만, 그 안에선 바깥에 있는 걸 바라볼 수 없지요.

포로가 된 어떤 정신이 자신의 포로 상태를 알지 못한다면, 그 정신은 오류 속에서 살고 있는 것입니다. 그 정신이 단 10분의 1초 동안이라도 자신의 상태를 알아차린 뒤 고통 받지 않기 위해 그 사실을 서둘러 잊으려 한다면, 그 정신은 거짓말 속에 머무르는 겁니다. 극단적으로 뛰어난 지성을 갖춘 사람들도 오류와 거짓 속에 태어나 살고 죽을 수 있습니다. 그들에게 지성은 선善도 아니고 이득이 되는 것도 아닙니다. 다소간 지성적인 사람들 사이의 차이는 독방 종신형에 처해진 범죄자들이 머무는 독방의 크기 차이와 똑같습니다. 스스로의 지성을 자랑스럽게 생각하는 사람은 자신의 독방이 크다고 자랑스럽게 생각하는 범죄자와 똑같습니다.

자신의 포로 상태를 느끼는 정신은 그걸 숨기고 싶어 합니다. 하지만 그가 거짓말을 혐오한다면 그러지 않겠지요. 그러면 그는 많은 고통을 받을 겁니다. 그는 기절할 때까지 계속 벽에 머리를 찧을 수밖에 없습니다. 그러곤 다시 깨어나 두렵게 벽을 바라보겠지요. 그리고 어느 날 다시 벽에 머리를 찧기 시작할 거고, 다시 기절할 겁니다. 이런 식으로 끝없이, 아무 희망도 없이, 계속됩니다. 그러다 어느 날 그는 벽의 반대편에서 깨어납니다.

어쩌면 그는 여전히 포로 상태에 있을 수도 있습니다. 단지 좀 더 넓은 틀 속에서 말입니다. 그래도 괜찮습니다. 그는 이제 열쇠를 갖고 있으니까요. 모든 벽을 허물 수 있는 비밀을 알고 있으니까요. 이제 그는 사람들이 지성이라 부르는 걸 넘어서서, 지혜가 시작하는 곳에 이르렀습니다.

언어 속에 갇힌 정신은 단지 의견을 만들어낼 수 있을 뿐입니다. 반면, 관계들을 많이 내포해서 표현하기 어려운 생각들을, 가장 정밀한 언어가 표현하는 것보다 더 엄밀하고 빛나는 생각들을 포착할 수 있게 된 모든 정신은, 그 지점에까지 이른 모든 정신은, 진실 속에 머무릅니다. 확실성이, 그림자 없는 믿음이 그런 정신에 속합니다. 그[그런 정신]가 원래 얼마큼의 지성을 가졌었는지, 그가 갇혔던 독방이 좁은지 넓은지는 중요치 않습니다. 중요한 건 오직 이것입니다. 그가 어떤 형태의 것이건 그 자신의 지성의 끝에 이르러 그 너머로 옮겨갔다는 것. 마을의 백치는 경탄할 만한 신동神童과 똑같이 진실에 가까이 있습니다. 단지 둘 다 모두 벽에 가로막혀 진실과 떨어져 있을 뿐이지요. 우리는 자신을 완전히 없애지 않고선, 극단적이고 전체적인 겸손의 상태에 오래 머무르지 않고선, 진실 속으로 들어갈 수 없습니다.

진실에 대한 장애물은 불행을 인식하지 못하게 하는 장애물과 똑같은 것입니다. 진실이 의견과 다르듯, 불행은 고통과 다릅니다. 불행은 영혼을 부서트리는 메커니즘이지요. 불행에 사로잡힌 사람은 기계의 이빨에 물린 노동자와 같습니다. 그는 단지 찢어져 피 흘리는 사물일 뿐이지요.

정확한 의미의 불행을 이루는 고통은 사람에 따라 정도와 성격이 많이 다릅니다. 이는 무엇보다 애초부터 지녔던 생명 에너지의 크기와 고통을 대하는 태도에 달렸습니다.

사람의 생각은 불행의 현실을 대면하지 못합니다. 누군가가 불행의 현실을 대면한다면, 그는 이렇게 말할 겁니다. "내가 통제할 수 없는 정황들의 놀이가 언제든 내게서 무엇이건 뺏어갈 수 있어. 너무도 내 것이어서 나 자신처럼 여겨지는 모든 걸 포함해서. 내 안에서 내가 상실하지 않을 수 있는 건 아무것도 없어. 언제든 우연이 나 자신의 것을 없애버리고 그 대신 추하고 멸시할 만한 걸 갖다놓을 거야."

영혼 전체로 이를 생각하는 건 무無를 체험하는 겁니다. 이는 진실로 옮겨가기 위한 조건이기도 한 극단적이고 전체적인 겸손의 상태입니다. 이는 영혼의 죽음입니다. 그러므로 벌거벗은 불행의 광경은 영혼을 위축시킵니다. 죽음이 다가오면 살이 조여들듯이.

죽음을 단지 정신적으로만 떠올릴 때, 묘지에 갈 때, 침대 위에 반듯이 눕혀진 시신을 볼 때, 사람들은 경건하게 죽음을 생각합니다. 하지만 전쟁터에 버려진 시신들의 음산하고 처참한 광경은 겁에 질리게 합니다. 죽음은 옷을 걸치지 않고 벌거벗은 채 드러나고, 살은 전율합니다.

물질적이거나 정신적인 거리로 인해 단순한 고통과 구분되지 않은 채 모호하고 막연하게 드러나는 불행은 관대한 영혼들에게 따뜻한 연민을 불러일으킵니다. 하지만 상황의 어떤 놀이로 인해 갑자기 어디선가 불행이 벌거벗은 채 파괴적인 것으로, 잘려나감으로, 영혼의 나병癩

病으로 드러나면, 우리는 전율하고 뒷걸음질을 칩니다. 불행한 사람 자신들도 자신의 모습 앞에 겁에 질려 전율합니다.

누군가를 경청한다는 건, 그가 말하는 동안 그의 입장이 된다는 겁니다. 불행으로 인해, 임박한 존재론적 위험으로 인해 마음이 훼손된 존재의 입장이 된다는 건 자기 자신의 영혼을 무無로 만드는 것입니다. 이는 행복한 삶을 사는 아이가 자살을 하는 일이 생기는 것보다 훨씬 어려운 일입니다. 그래서 불행한 사람들은 경청되지 않습니다. 그들이 처해 있는 상황은 혓바닥이 잘렸는데 그걸 때때로 잊어버리는 사람의 상황과 비슷합니다. 그들의 입은 움직이지만 어떤 소리도 생겨나질 않습니다. 그들은 자신의 소리가 전해지지 않는다는 걸 알게 되면서, 언어활동이 급속히 무력해집니다.

이런 연유로, 법관 앞에 선 부랑자에겐 희망이 없습니다. 그의 더듬거리는 말에서 간절한 어떤 게 마음을 후비더라도, 법관은 물론 청중도 그걸 듣지 못합니다. 그건 소리 없는 비명입니다. 그리고 불행한 사람들은 서로 간에도 거의 듣지 못합니다. 또 불행한 사람 한 사람 한 사람은 일반적인 무관심의 영향 아래서, 자기 자신을 듣지 않습니다. 거짓말을 하면서 또는 자각하지 못하면서 말입니다.

영혼이 자신의 무화無化를 거쳐 일종의 주의력을 지닐 수 있는 장소에까지 이르는 것은 오직 은총의 초자연적 작용을 통해서입니다. 진실과 불행에 주의를 기울일 수 있게 해주는 건 그런 주의력뿐입니다. 이는 진실과 불행 둘에 대해 똑같습니다. 그 주의력은 강렬하고 순수하며 이유가 없고 거저이며 관대합니다. 그 주의력은 사랑입니다.

불행과 진실은 동일한 주의력으로 경청돼야 합니다. 그러므로 정의의 정신과 진실의 정신은 하나입니다. 정의와 진실의 정신은 다른 게 아니라 일종의 주의력입니다. 이 주의력은 순수한 사랑이지요.

정의와 진실의 정신에 사로잡힌 사람이 모든 영역에서 만들어내는 것은 아름다움의 광채를 띱니다. 섭리의 영원한 작용에 의해서 말입니다.
아름다움은 지상의 세계에서 최고의 신비입니다. 아름다움은 주의를 끄는 광채지만, 주의를 지속시킬 만한 동기를 제공하진 않습니다. 아름다움은 배가 고프게 하지만, 이 세계에서 포만을 구하는 영혼의 부분에게 양식糧食을 제공하진 않습니다. 아름다움이 제공하는 양식은 오직 영혼의 주시注視하는 부분을 위한 것이지요.[17] 아름다움은 욕망을 불러일으키지만, 아름다움 안에선 욕망할 게 없음을 명백히 느끼게도 합니다. 사람은 무엇보다 아름다움이 변치 않기를 바라기 때문이지요. 아름다움의 소용돌이에서 빠져나올 방편을 찾으려 하지 않는다면, 욕망은 조금씩 사랑으로 변합니다. 그래서 거저 주어지는 순수한 주의력의 배아胚芽가 형성됩니다.
불행은 처참합니다. 하지만 그런 만큼 불행의 진실한 표현은 너무도 아름답습니다. 예를 들자면, 가까운 시대의 것들로는 『페드르』, 『아내들의 학교』, 『리어왕』, 프랑수아 비용의 시들이 그렇습니다. 하지만

---

[17] 『전집』의 편집자 주에 따르면 베유는 『전집』 VI-4권 335쪽에서, 『리그 베다』의 한 문장에 입각해서, 사랑의 두 형태인 먹기와 주시하기를 대립시키고 둘 중 하나를 선택해야 한다고 합니다.

아이스퀼로스와 소포클레스의 비극들도 그렇습니다. 또 『일리아스』, 「욥기」, 몇몇 민중시가 그렇습니다. 그리고 복음서들 가운데 수난에 관한 기사들이 그렇습니다. 아름다움의 광채는 불행 위로 퍼져나갑니다. 진실과 사랑의 정신이 간직한 빛에 의해서 말입니다. 오직 그 빛만이 사람의 생각으로 하여금 있는 그대로의 불행을 주시하고 묘사하게 해줍니다.

표현할 수 없는 진실의 어떤 조각이 단어들에 스며들 때마다, 아름다움의 광채가 그 단어들 위로 퍼져나갑니다. 이 단어들은 자신들을 불러낸 진실을 담지 못하지만, 그 배열이 진실과 완전하게 조응하고, 그래서 진실을 되찾으려는 모든 정신을 지탱해줍니다.

잘못된 모방들이 많이 뒤섞여 있고 매우 막연할지라도, 아름다움은 사람의 모든 생각이 갇혀 있는 독방 내부에 민감합니다. 혓바닥이 잘려나간 진실과 정의는 아름다움 이외의 어떤 도움도 희망할 수 없습니다. 아름다움은 언어를 갖지 못하고, 말하지 못하고, 아무것도 얘기하지 못합니다. 하지만 아름다움은 불러내기 위한 목소리를 갖고 있습니다. 아름다움은 목소리 없는 정의와 진실을 불러내서 드러냅니다. 눈 속에 쓰러져 움직이지 못하는 주인을 도울 사람을 찾아 개가 짖듯이 말입니다.

정의, 진실, 아름다움은 자매이자 동맹자입니다. 그토록 아름다운 이 세 단어와 함께라면, 다른 것을 찾을 필요가 없습니다.

정의는 사람들에게 악이 행해지지 않는지 보살피는 것입니다. 누군가 "사람들이 왜 제게 악을 행하나요?"라고 마음속에서 비명을 지른다면, 악이 행해진 것입니다. 어떤 악이 행해졌는지, 누가 그런 악을 행했는지, 왜 그런 악을 행했는지 납득하려고 하면, 우리는 종종 빗나갑니다. 하지만 비명은 정당합니다.

매우 자주 듣는 또 다른 비명은 "왜 다른 사람이 저보다 더 많이 갖나요?"라는 겁니다. 이 비명은 권리에 관계합니다. 앞의 비명과 이 두 번째 비명을 구분할 줄 알아야 합니다. 그리고 이 두 번째 비명을 잠재워야 합니다. 가급적 난폭하지 않게 법, 재판소, 경찰의 도움을 받아서 말입니다. 이 영역의 문제들을 해결할 정신들을 양성하려면 법학을 배우게 하면 됩니다.

하지만 "사람들이 왜 제게 악을 행하나요?"라는 첫 번째 비명은 전혀 다른 문제들을 제기합니다. 그것들에 답하려면 진실과 정의와 사랑의 정신이 필요합니다.

모든 사람에겐 악이 행해지지 않길 바라는 마음이 부단히 생겨납니다. 주기도문도 신에게 그런 요구를 하지요. 하지만 신은 신과 실제적이고 직접적으로 접촉하는 영혼의 영원한 부분만을 악에서 보호할 뿐입니다. 영혼의 나머지 부분은, 그리고 신과 실제적이고 직접적으로 접촉하는 은총을 받지 못한 사람의 영혼 전체는, 사람들의 의지와 정황들의 우연에 맡겨집니다.

그러니 사람들에게 악이 행해지지 않는지 살펴야 하는 건 사람들의 몫입니다. 악을 당한 사람에겐 악이 진정으로 파고듭니다. 통증과 고통뿐만 아니라 악의 끔찍한 공포 자체가 말입니다. 사람들은 서로에게 선善을 전할 능력을 갖듯이, 서로에게 악을 전할 능력도 갖습니다. 아첨을 하면서, 안락이나 쾌락을 제공하면서 다른 사람에게 악을 전할 수도 있습니다. 하지만 더 많은 경우엔 악을 행하면서 악을 전합니다.

그렇지만 영원한 지혜(Sagesse18)는 인간 존재를 사건들의 우연이나 사람들의 욕망에 전적으로 내맡기지 않습니다. 어떤 인간 존재에게 바깥에서부터 상처의 형태로 가해진 악은 선에의 욕망을 자극하고, 그래서 구제의 가능성이 자동적으로 생겨나게 합니다. 상처가 깊이 파고들었다면, 완전히 순수한 선을 욕망할 겁니다. "사람들이 왜 제게 악을 행하나요?"라고 묻는 영혼의 부분은 깊은 부분입니다. 모든 사람에게서, 심지어 제일 더럽혀진 사람에게서도, 아주 어린 시절부터 완전히 순결하고 결백하게 머무르는 부분이 그 부분입니다.

정의를 보존하는 것, 사람들을 모든 악에서 보호하는 것은 무엇보다 그들에게 악이 행해지는 것을 막는 것입니다. 악이 이미 사람들에게 행해졌다면, 그 물질적 결과들을 없애야 합니다. 악이 가져온 상처가 너무 깊지 않다면, 희생자들이 자연스럽게 치유 받을 수 있는 편안한 상황을 만들어주어야 합니다. 그러나 상처로 인해 마음이 갈가리 찢어진 사람들에겐 우선 마실 것을 줘서, 즉 완전한 선을 제공해서, 목마름을 가라앉혀야 합니다.

그런데 악을 부과해서 목마름이 생겨나게 한 뒤 다시 그걸 채워줄 필요가 있을 때도 있습니다. 징벌이 그런 악입니다. 선에서 멀어져 주

---

18) 신적인 지혜를 말합니다.

변에 오직 악만 퍼트리길 원하는 사람들을 다시 선으로 돌아오게 하려면, 악을 부과해야 합니다. 그들의 마음 깊은 곳에서 "사람들이 왜 제게 악을 행하나요?"라고 놀라 외치는 완전히 결백한 목소리를 깨워낼 때까지 말입니다. 범죄자의 영혼의 이 결백한 부분은 이처럼 양식糧食을 받아먹고 성장해야 합니다. 영혼의 내적 법정을 조직해서 과거의 잘못을 헤아리고 정죄한 뒤, 이윽고 은총의 도움을 받아 스스로를 용서하도록 말입니다. 이렇게 징벌의 과정이 완성됩니다. 잘못을 범한 사람은 다시 선에 통합되고, 공개적이고 엄숙하게 공동체에 다시 받아들여집니다.19)

징벌이란 이런 것이어야 하고 다른 것일 수 없습니다. 심지어 사형死刑도 다른 것이어선 안 됩니다. 비록 그것이 문자 그대로의 의미에선 공동체로의 통합을 배제하는 것이더라도 말입니다. 징벌은 오직 선을 원하지 않는 사람들에게 순수한 선을 제공하는 절차여야만 합니다. 징벌은 고통 그리고 심지어 죽음을 통해, 범죄자들에게 순수한 선에 대한 욕망을 일깨우는 기술입니다.

하지만 우리는 징벌의 개념마저도 완전히 상실했습니다. 이제 우리는 징벌이 선을 일깨우려는 것임을 알지 못합니다. 이제 징벌은 악을 부과하는 것일 뿐입니다. 그런 까닭에 현대 사회엔 유일하게 범죄

---

19) 『전집』의 편집자 주에선 이해를 돕기 위해, 베유가 『전집』 VI-3권의 347쪽에서 "공동체의 형법적 역할은 징벌을 통해 범죄자를 배제하는 게 아니라 다시 통합시키는 것"이라 한 것을 인용합니다.

보다 더 추악한 어떤 게 있습니다. 억압적 정의가 그것입니다.

억압적 정의의 이념을 핵심적 동기로 삼아 전쟁과 반란의 시도를 하는 것은 사람들이 결코 상상할 수 없은 위험한 일입니다. 비열한 사람들의 범죄적 행위를 감소시키려면, 두려움을 이용할 필요가 있습니다. 하지만 오늘날 우리가 무지 속에서 그러하듯 억압적 정의를 영웅적 동기처럼 여기는 건 끔찍합니다.

오늘날 사람들이 징벌, 징계, 보복, 응보적 정의를 말하는 건 언제나 제일 천박한 복수를 위해섭니다.

예수는 고통과 처참한 죽음이라는 보석을 스스로 선택했고, 사랑하는 사람들에게 무척이나 자주 건네주었습니다. 하지만 우리에겐 그럴 수 있는 기회가 거의 주어지지 않습니다. 그래서 그 보석을 제일 비참한 사람들에게 내던집니다. 그들이 그 보석을 사용할 수 없으리란 걸 알고서. 그들이 그 보석을 사용하도록 도우려는 의도 없이.

범죄자들에겐 진정한 징벌을 내리고, 불행이 영혼 깊은 곳을 깨문 사람들에겐 갈증을 해소하도록 초자연적인 샘으로 이끄는 도움을 줘야 합니다. 그 밖의 다른 모든 사람에겐 약간의 안락, 많은 아름다움, 악을 행할 사람들로부터의 보호를 제공하면 됩니다. 도처에서 거짓말, 선전, 의견들이 벌이는 소동을 엄격히 제한해야 합니다. 또 진실이 싹 트고 무르익을 수 있도록 침묵이 자리 잡아야 합니다. 이것은 사람들에게 달렸습니다.

이런 것들을 위해 우리가 기댈 수 있는 건 어떤 경계 너머로 건너간 사람들입니다. 어떤 사람들은 그들이 너무 적다고 할 겁니다. 그들은 아마도 드물겠지요. 하지만 우리가 그들을 세어볼 순 없습니다. 그들 대부분은 숨어 있습니다. 하늘에서 지상으로 보내는 순수한 선은, 사람의 마음에서건 사회에서건, 지각할 수 없을 정도로 미세한 양입니다. "겨자씨는 모든 씨앗 중에 가장 작은 것"입니다.[20] 프로세르피나[로마 신화에서 지옥의 여왕, 그리스 신화에선 페르세포네]는 단 한 알의 석류만을 먹습니다.[21] 밭에 깊숙이 묻힌 진주는 눈에 띠지 않습니다.[22] 반죽에 스며든 누룩은 알아볼 수 없습니다.[23]

하지만 화학적 작용에서의 누룩 같은 촉매제나 박테리아처럼, 사람이라는 사태 속에서 순수한 선의 보이지 않는 씨앗들은 그 현존만으로도 결정적 방식으로 작용합니다. 그 씨앗들이 놓여야 할 곳에 있다면 말입니다.

어떻게 씨앗들을 제자리에 놓을 수 있을까요?

칭찬하고 찬양하며 소망하고 추구하고 요청할 것을 대중에게 보여줄 역할을 맡은 사람들 가운데 적어도 몇몇이라도 순수한 선, 완전함, 진실, 정의, 사랑이 아닌 것은 절대적으로 그리고 예외 없이 멸시하기로 마음에 결단을 한다면, 많은 것이 이루어진 것입니다.

또 오늘날 정신적 권위를 조금이나마 지닌 사람들 중 대다수가 완

---

20) 「마태오복음」, 13장 32절.
21) 『전집』의 편집자 주와 또 같은 책(V-1권)에 실린 베유의 「맑스주의적 독트린은 존재하는가?」, 311쪽에 따르면, 다른 세계의 음식을 먹고 그 세계를 자신의 나라로 삼게 됐다는 것입니다.
22) 「마태오복음」, 13장 44절.
23) 「마태오복음」, 13장 33절.

전히 순수한 실질적 선만을 사람들이 열망하게 해야 한다는 책임감을 느낀다면, 더 많은 게 이루어진 것입니다.

사람들이 단어들의 힘을 말할 때 언제나 염두에 두는 건 환상과 오류의 힘입니다. 하지만 신의 섭리로 인해 어떤 단어들은 잘 사용될 때 빛을 비추고 선을 향해 끌어올리는 미덕을 자체 안에 갖습니다. 그런 단어들은 우리가 포착할 수 없는 절대적 완전함에 상응합니다. 빛을 비추고 높은 곳으로 이끄는 미덕은 어떤 관념 속에 있는 게 아니라, 그 단어들 자체에, 있는 그대로의 그 단어들 속에 있습니다. 그 단어들을 잘 사용하려면 우선 어떤 관념에도 상응하지 않게 해야 하기 때문입니다. 그 단어들이 표현하는 건 불가해한 것입니다.

신과 진실은 그런 단어입니다. 정의, 사랑, 선도 그렇습니다.

이 단어들을 사용하는 건 위험합니다. 용법이 중세의 신명재판神明裁判과도 같기 때문입니다. 그것들을 올바로 사용하려면 어떤 인간적 관념 속에도 가둬선 안 되고, 그것들의 빛에 의해 직접적이고 전적으로 고취된 생각 및 행동과만 결합시켜야 합니다. 그렇게 하지 못하면, 이 단어들은 모두가 곧바로 알아차릴 수 있는 거짓이 됩니다.

이 단어들은 불편한 동반자입니다. 권리, 민주주의, 개인 같은 단어들은 훨씬 편합니다. 그래서 심지어 좋은 의도를 갖기도 하는, 공적 역할을 맡은 사람들이 이런 단어들을 좋아합니다. 공적 역할이 지니는 유일한 의미는 사람들에게 선을 행하는 것입니다. 좋은 의도로 그 역할을 맡은 사람들은 동시대 사람들에게 선을 퍼뜨리고 싶어 합니다. 하지만 그들은 일반적으로 실수를 범합니다. 자신들이 그 선을 누릴 우선권을 갖는다고 믿는 실수 말입니다.

권리, 민주주의, 개인 같은 중간 지대의 단어들은 그 지대에서, 즉 중간적 제도들의 지대에서 적합하게 통용됩니다. 하지만 그 제도들을 착상하고 생성시킨 영감靈感은 다른 언어를 요구합니다.

사물의 본성에 따르면, 개인이 집합에 종속되는 건 저울에서 그램이 킬로그램에 속하는 것과 같습니다. 하지만 저울에선 킬로그램이 그램에 못 미칠 수도 있습니다. 한쪽 저울을 다른 쪽 저울보다 천 배 이상 길게 하면 그렇게 되는 것이지요. 즉 균형의 법칙이 무게의 불평등보다 엄연히 앞서는 것입니다. 하지만 균형의 법칙이 새겨진 관계가 없이는, 작은 무게가 큰 무게를 이길 수 없습니다.

마찬가지로 개인이 집합으로부터 보호를 받으려면, 민주주의가 보장되려면, 공공적 삶에 보다 높은 선이 새겨져야 합니다. 어떤 정치적 형태와도 관련 없고 비개인적인 선이 그런 선입니다.

개인이란 단어는 실제로 종종 신에게까지 적용됩니다. 하지만 신을 그리스도가 성취해야 하는 완전함의 모델로 제시하는 다음 구절에는 개인의 이미지만이 아니라 특히 비개인적 질서의 이미지가 드러납니다. "하늘에 있는 당신들의 아버지의 아들이 되세요. 아버지는 악한 사람에게나 착한 사람에게나 똑같이 햇빛을 비추고 옳은 사람에게나 불의한 사람에게나 똑같이 비를 내려줍니다."[24]

우주의 이런 비개인적이고 신성한 질서에 대해 우리는 정의, 진실,

아름다움의 이미지를 갖고 있습니다. 이것들에 못 미치는 것은 죽음을 받아들인 사람에게 아무 영감도 주지 않습니다.

권리, 개인, 민주주의적 자유를 보호하려고 만들어진 제도들을 넘어서서 다른 제도들을 발명해야 합니다. 오늘날의 삶속에서 불의, 거짓말, 비열함으로 영혼들을 파괴하는 모든 것을 식별하고 폐기하는 제도들을 말입니다.

그런 제도들은 알려지지 않았으므로 발명해야 합니다. 그런 제도들이 불가결하다는 걸 의심하는 일은 불가능합니다.

24) 마태오 복음 5장 45~46절.

5

데오다 로셰에게 보낸 편지

Lettre à Déodat Roché

1941년 1월 23일에 쓴 편지로, 데오다 로셰는 카타리즘catharisme의 전문가입니다. 『전집』 IV-2권의 부록에 실려 있습니다. 카타리즘에 대한 시몬 베유의 관심이 잘 드러난 편지로, 뒤에 실린 논문 「옥시타니아적 영감이란 어떤 것일까」에 대한 이해를 돕기 위해 여기에 옮겼습니다.

선생님,

저는 무척 아쉽게도 여태껏 선생님을 만나 뵙는 기쁨을 누리지 못했습니다. 하지만 발라르Jean Ballard 선생님1)을 통해 이번 오크Oc2) 특집호에 실릴, 카타르파派, les cathares의 정신적 사랑에 대한 선생님의 아름다운 연구를 읽었습니다(저 또한 이번 특집호에 「십자군에 대한 노래」3)에 관한 논문4)을 실을 예정입니다. 저는 이 논문에서 에밀 노비스Emile Novis라는 가

1) 『남부 평론Les Cahires du Sud』의 편집자.
2) '오크'는 중세 남프랑스어(=오크어)에서 '네yes'를 뜻하고, 여기선 중세 남프랑스, 즉 옥시타니아Occitania의 문명을 뜻합니다.
3) 1212~1213년과 1218~1219년에 각기 다른 두 명의 저자가 썼다고 추정되는 「알비파에 맞선 십자군에 대한 노래Chanson de la croisade contre les Albigeois」로, 알비Albi를 비롯한 옥시타니아의 카타르파를 공격한 십자군의 행적을 기록한 서사시입니다.
4) 「어떤 서사시를 통해본 한 문명의 종말」. 1943년에 출간된 『남부 평론』 특별호에

명을 사용할 것이고, 곧 출간될 『남부 평론』에 실린 『일리아스』에 대한 논문5)에서도 마찬가집니다. 지금 상황에선 가명을 쓰는 게 잡지를 위해 좋을 듯해서입니다). 또 저는 이전에 역시 발라르 선생님 덕분에 카타리즘에 대한 선생님의 소책자6)를 읽었습니다. 이 두 가지 글은 제게 강렬한 인상을 줬습니다.

저는 오래전부터 카타르파에게 강하게 끌렸습니다. 별로 아는 것도 없으면서 말이에요. 제가 그처럼 끌렸던 주된 이유들 가운데 하나는 구약에 대한 그들의 생각 때문입니다. 선생님께선 논문에서 이에 대해 설명을 너무 잘 해주셨어요. 히브리인들이 권력에 대한 사랑으로 인해 선악 개념을 상실했다고 지적하시면서 말입니다. 물불을 가리지 않는 잔혹함으로 가득한 성스런 텍스트의 이야기들은 저를 언제나 그리스도교로부터 밀쳐냈어요. 이십 세기나 전부터 그런 이야기들이 끊임없이 그리스도교적 사고의 흐름들에 영향을 미쳐왔으니까요. 적어도 우리가 그리스도교라는 말로 오늘날 그 명칭 아래 포함된 모든 교회들을 뜻한다면 말입니다. 아시시의 프란체스코 자신은 가능한 한 최대로 흠결들을 벗어난 순수한 존재였지요. 하지만 그가 세운 교단은 창립된 지 얼마 안 돼 곧바로 살육과 학살에 참여했습니다. 저는 도대체 이해할 수가 없었습니다. 온전한 정신을 가졌다면 어떻게 성경의

실렸습니다.
5) 『남부 평론』 230호(1940년 12월)와 231호(1941년 1월)에 실린 「일리아스 또는 힘의 시」.
6) 1937년 5월 7일 몽펠리에 문과대학에서 발표한 『카타리즘, 프랑스 남부에서의 확산과 알비파에 맞선 십자군』.

여호와와 복음의 아버지를 단 하나의 동일한 존재로 여길 수 있는 지를요. 제 생각엔 구약의 영향과 교황제도가 그 전통을 이어받은 로마제국의 영향이 그리스도교의 부패의 두 가지 핵심적 원인입니다.

선생님의 연구들은 제가 그것들을 읽기 전부터 갖고 있던 생각을 확고하게 지지해주었습니다. 그 생각은 이것입니다. 유럽에서 마지막으로 고대(즉 로마 이전의 고대)를 생생하게 표현해준 게 바로 카타리즘이라는 것. 제 생각엔 로마에 의한 정복 이전에 지중해 나라들과 중동은 하나의 문명을 이루고 있었습니다. 물론 나라들마다 큰 차이가 있었으니 동일성을 내세울 순 없겠지요. 하지만 공통성이 있었습니다. 즉 이 지역에서 가장 뛰어난 정신들이 어떤 동일한 생각을 공유하고 있었다는 거지요. 이집트, 트라키아, 그리스, 페르시아의 밀교적인 집단들과 비의秘儀들 속에서 다양한 형태로 표현된 동일한 생각 말입니다. 그리고 플라톤의 저술들은 바로 그 생각과 관련해 우리가 소유하고 있는, 글로 된 가장 완벽한 표현입니다. 물론 저의 이런 의견은 자료가 거의 없어서 입증되기 힘듭니다. 하지만 여러 지표들 가운데 하나는 이것입니다. 즉 플라톤은 언제나 자신의 이론을 고대적 전통에 입각한 것으로 제시했다는 것입니다. 기원이 된 나라는 밝히지 않았지만 말입니다. 제 생각에 가장 간단한 설명은 이렇습니다. 즉 플라톤이 알던 나라들의 철학적이고 종교적인 전통들은 단 하나의 동일한 생각 속에서 합쳐진다는 것입니다. 바로 그 생각에서 그리스도교도 생겨납니다. 하지만 그 생각에 진정으로 충실하게 머물렀던 것은 오직 영지주의자들, 마니교도들, 카타르파들인 것 같습니다. 오직 그들만이, 로마의 지배에 의해 널리 확산되어 오늘날까지 유럽의 대기大氣를 적시고 있는 거친 정신과 천박한 가슴에서 진정으로 빠져나왔습니다. 마니교도들에게선 고대적인 것, 적어도 우리가 아는 한에서의 고대적인 것을 넘어서는 몇몇 빛나는 관념들이 있습니다. 사람들 사이로 내려온 신성이라든가 찢어져 질료들 사이로 흩어진 정신 같은 관념들 말입니다. 하지만 무엇보다도 특히 카타리즘을 일종의 기적이게 해준 건, 그것이 단순한 철학에 멈추지 않고 종교가 됐다는 것입니다. 제가 말하고 싶은 건 이겁니다. 즉 12세기에 툴루즈 주위로 가장 고결한 생각이 단순히 몇몇 사람들의 정신 속에서가 아니라 사람들의 '세계milieu'에 머물렀다는 것입니다. 제가 보기엔 오직 이것만이 철학과 종교의 차이입니다. 도그마적이지 않은 종교만 염두에 둔다면 말입니다.

어떤 생각이 충만하게 존재하게 되는 건 사람들의 '세계' 속에 체화됐을 때뿐입니다. 이때 '세계'라는 말로 제가 뜻하는 건 외적 세계에 대해 열린 어떤 것, 주변 사회 속에 스며드는 것, 단순히 스승 주위에 모인 제자들이 폐쇄적 집단이 아닌, 그런 모든 사회와 관계를 갖는 것입니다. 그런 '세계'의 공기를 숨 쉬지 못하기 때문에, 고급한 정신은 철학이 됩니다. 하지만 그것은 이급의 방편이고, 거기서 생각은 더 얕은 실재만을 건드립니다. 어쩌면 피타고라스학파는 그런 '세계'를 형성시켰을 수도 있는데, 우리는 그에 관해서 아는 게 거의 없습니다. 플라톤의 시대에는 더 이상 그런 비슷한 것이 존재하지 않았습니다. 우리는 플라톤의 저술에서 계속 느낍니다. 그런 '세계'의 부재를. 그런 부재의 아쉬움, 그리움을 담은 아쉬움을 말입니다.

저의 지리멸렬한 생각들을 용서해주시기 바랍니다. 저는 다만 선생님께 말씀드리고 싶었습니다. 카타르파에 대한 제 관심이 단순히 역사적이거나 지적인 호기심에서 생겨난 게 아니라는 걸 말입니다. 저는 선생님의 소책자에서 카타리즘이 피타고라스주의나 그리스도교적 플라톤주의처럼 여겨질 수 있음을 읽고 기뻤습니다. 제가 보기엔 그 어떤 것도 플라톤을 능가할 수 없기 때문입니다. 단순한 지적 호기심으로 피타고라스나 플라톤의 생각과 관계를 맺을 수 없습니다. 그런 생각들에 대해선, 인식과 지지가 하나의 정신적 작용 속에서 동시에 이루어지기 때문입니다. 저는 카타르파에 대해서도 그렇다고 생각합니다. 오늘날 그런 형태의 생각들을 부활시키는 건 너무도 절실한 문제입니다. 우리가 살고 있는 시대는 대부분의 사람들이 혼란스럽고도 생생하게 다음의 것을 느끼고 있는 시대입니다. 즉 과학을 비롯해 18세기에 우리가 계몽이라 칭했던 것이 불충분한 정신적 양식임을 느낀다는 것입니다. 하지만 그런 느낌은 오히려 인류를 더 나쁜 길들로 이끌고 있는 중입니다. 그러니 과거로 돌아가 방금 말했던 정신적 삶의 형태를 고쳐해줄 시대에 준거하는 게 화급합니다. 과학과 예술 속에서 가장 소중한 것들은 정신적 삶의 그런 형태의 다소 퇴락한 반영일 뿐입니다.

그러므로 저는 간절히 바랍니다. 카타르파에 대한 선생님의 연구들이 대중들에게 마땅한 관심을 끌고 전파되기를요. 하지만 아무리 뛰어난 것이더라도 연구만으론 부족합니다. 선생님께서 출판사를 찾으셔서 대중들이 읽을 만한 오리지널한 글들을 모아 출판해주시면 더 이상 바랄 게 없겠습니다.

고백컨대 저는 영지주의, 마니교, 카타르파의 텍스트를 어떤 것도 읽지 못했습니다. 얼마 전 발견된, 마니교의 콥트어 노래를 빼고선 말입니다. 선생님의 소책자와 논문을 읽고 나니 제 이런 무지가 무척이나 아쉽습니다. 선생님께서 제게 참고문헌들을 알려주시고 어디서 어떻게 그것들을 구할 수 있을지 가르쳐주시면 매우 고맙겠습니다.

저는 조만간 마르세유를 떠나 알제Alger로 갈 겁니다.7) 떠나기 전에 베지에Béziers로 선생님을 찾아뵙는 기쁨을 갖고 싶고, 선생님께서 기꺼이 응해주신다면 선생님의 책들을 조금 구경하고 싶습니다. 아직은 제가 선생님을 찾아뵐 수 있을지 알 수 없습니다. 만일 그럴 수 있다면, 선생님께서 제 방문을 허락해주시고, 또 몇 가지 질문을 던질 수 있게 해주시기 바랍니다. 그래주신다면 제겐 너무 큰 기쁨일 것입니다.

선생님, 저의 깊은 호감의 표현을 받아주시길 바랍니다.

시몬 베유

---

7) 베유의 이 계획은 실현되지 못합니다.

# 6

옥시타니아적 영감이란 어떤 것일까

En quoi consiste l'inspiration occitanienne

1942년 3월 18~23일 사이에 쓴 글로, 1943년에 『남부 평론』의 특별호인 『오크 문명의 천재성과 지중해적 인간 *Le génie d'Oc et l'homme méditerranéen*』에 발표됐습니다. 『전집』 IV-2권에 실려 있습니다. 옥시타니아Occitania는 중세 남프랑스의 언어인 오크어langue d'Oc를 썼던 지방을 지칭합니다. 과거엔 거의 남프랑스 전체를 포괄했었던 듯하고, 2016년엔 새로운 행정구역인 '옥시타니Occitanie'가 만들어졌습니다.

미래를 향하는 대신 왜 과거에 머무르려고 하는 것일까요? 오늘날 수 세기 이래 처음으로 우리는 과거를 관조^{contemplation}합니다. 많이 지쳤고 거의 절망 직전이기 때문이 아닐까요? 그렇습니다. 하지만 과거를 관조하는 데에는 더 견실한 근거가 있습니다.

몇 세기 전부터 우리는 진보의 이념을 받아들였습니다. 하지만 오늘날의 고난은 이 이념을 우리의 감성에서 떠나보냈습니다. 이젠 어떤 장막으로도 가릴 수 없습니다. 진보의 이념이 이성과 무관한 것임을 말입니다. 사람들은 진보의 이념이 과학적 세계관과 연결돼 있다고 믿었습니다. 하지만 과학은 진보의 이념과는 반대되는 것이고, 진정한 철학도 그렇습니다. 진정한 철학은 플라톤과 함께 가르칩니다. 불완전한 것은 완전한 것을 만들어낼 수 없고, 더 못한 것은 더 좋은 걸 만들어낼 수 없다고 말입니다. 진보의 이념은 시간 속에서 더 못한 것이 더 좋은 걸 점진적으로 만들어나간다는 이념입니다. 과학은 드러냅니다.

에너지의 증가는 에너지의 외적 원천으로부터만 가능하다는 것을. 낮은 에너지를 높은 에너지로 변형시키는 건 적어도 똑같은 양의 높은 에너지를 낮은 에너지로 변형시킨 결과로서만 가능하다는 것을 말입니다. 언제나 하강 운동이 상승 운동의 조건입니다. 유사한 법칙이 정신의 영역도 지배합니다. 우리는 우리보다 나은 것이 우리에게 영향을 미칠 때만 더 나아질 수 있습니다.

우리는 우리보다 더 나은 것을 미래 속에서 찾을 수 없습니다. 미래는 텅 빈 것이고, 우리의 상상력이 그것을 채웁니다. 우리가 상상하는 완전성은 우리 자신을 척도로 한 것입니다. 그러니 그것은 우리 자신과 똑같이 불완전합니다. 그것은 우리 자신의 것보다 더 나은 머리털로 만들어진 게 아니지요. 오히려 우리는 완전성을 현재 속에서 찾을 수 있습니다. 하지만 보잘것없는 것 또는 질 나쁜 것과 뒤섞인 상태에서입니다. 그리고 우리의 식별 능력은 우리 자신만큼이나 불완전합니다. 과거는 이미 부분적으로 이루어진 식별을 우리에게 제공합니다. 오직 영원한 것만이 시간 속에서 흔들림 없듯이, 시간의 단순한 흐름만이 영원한 것과 그렇지 않은 것을 구별해주기 때문입니다. 우리의 애착과 열정은 영원성을 식별하는 능력을 어둠으로 가립니다. 하지만 어둠은 현재가 아닌 과거와 관련해선 덜 두텁지요. 이미 소멸해서 우리의 열정에 어떤 수액도 공급하지 않는 과거에 대해선 특히 그렇습니다.

이미 소멸한 조국에 대한 충성심은 아무 가치가 없습니다. 누구도 오크Oc어의 나라를 되살릴 희망을 갖지 않습니다. 불행히도 그런 희망은 철저히 말살됐습니다. 어떤 사람들은 우려를 표했지만, 그런 충성심이 프랑스의 통일성을 위협할 가능성은 전혀 없습니다. 그럼에도 사람들은 조국에 위협이 된다면 진실을 가려도 된다고 생각하겠지만, 그런 생각은 의심스럽고, 그럴 필요도 없습니다. 이미 사멸했고 애도할 가치가 있는 그 나라는 프랑스가 아니었습니다. 그런데 그 나라가 고취하는 영감은 유럽의 영토 분할과는 아무 관계도 없습니다. 그 영감은 인간으로서의 우리의 운명과 관련될 뿐입니다.

유럽 바깥에는 고갈될 수 없는 영적 풍요로움을 우리에게 선사하는 수천 년 된 전통들이 있습니다. 하지만 그런 풍요로움과의 접촉은, 특별한 소명을 가진 사람들을 제외하곤, 그것들을 있는 그대로 받아들이게 하기보다는 오히려 우리의 고유한 영적 원천을 찾아 나서게 자극해야 합니다. 고대 그리스의 영적 소명은 유럽 자체의 소명입니다. 12세기에 그 소명은 우리가 살고 있는 땅의 한쪽 귀퉁이에서 꽃과 열매를 맺었습니다.

로마 이전 고대의 각 나라들은, 전적으론 아니더라도 기본적으로, 초자연적 진실의 어떤 측면을 향한 소명과 계시를 지니고 있었습니다. 이스라엘에게 그 소명은 신의 단일성이었고, 강박적이어서 굳어진 이념을 만들어냈지요. 메소포타미아와 관련해선 그 소명이 무엇이었는지 더 이상 알 수 없게 됐습니다. 페르시아에선 선악의 대립과 투쟁이었지요. 인도에선 완전한 상태에 이른 영혼이 신과 신비로운 결합을 통해 하나가 되는 것이었습니다. 중국에선 신의 고유한 작용이었지요. 가득 찬 행위인 신의 비非행위, 가득 찬 현존인 신의 부재가 그것입니다. 이집트에서 그 소명은 이웃 사랑이었고, 결코 넘어설 수 없는 순수함 속에서 표현되는 것이었지요. 이는 무엇보다 올바른 삶 이후 구원된 영혼들의 불멸의 지복이고, 살고 고통 받고 잔혹하게 죽은 뒤 다른 세계에서 영혼들의 심판자이자 구원자가 된 신[1])에 동화되는 구원입니다. 그리스는 이집트에서 메시지를 받고, 자신에게 고유한 계시를 소명으로 갖습니다. 즉 인간의 비참함, 신의 초월성, 신과 인간의 무한한 거리에 대한 계시가 그것입니다.

그리스는 바로 그런 거리에 사로잡혀서, 다리를 만드는 데만 힘을 기울입니다. 그리스의 모든 문명은 그런 다리로 만들어졌지요. 비의秘儀적 종교, 철학, 뛰어난 예술, 그리스의 독자적 발명품인 과학과 그 온갖 분야들 같은 모든 게 신과 인간 사이의 다리입니다. 우리는 이 가운데 비의적 종교를 제외한 모든 다리를 물려받았습니다. 우리는 그 다리들을 너무 높이 치켜세웠습니다. 하지만 지금은 그들이 다만 거주하기 위해 그 다리들을 만들었다고 생각합니다. 우리는 모릅니다. 다리들을 만든 건 혹시 건너가기 위해서가 아니었는지를. 우리는 알 수 없습니다. 만일 그 다리들을 건너갔다면 그 건너편에서 누굴 만났을 지를.

그리스 사람들 가운데 가장 뛰어난 사람들은 신과 인간 사이를 중재해야 한다는 관념, 인간을 찾아 신이 하강하는 운동을 중재해야 한다는 관념을 갖고 있었습니다. 그런 관념은 조화와 균형 개념을 통해 표현됩니다. 조화와 균형 개념은 그들의 모든 생각, 모든 예술, 모든

---

1) 『전집』의 편집자 주에 따르면 이 신은 오시리스Osiris입니다. 베유는 같은 책(IV-2권)에 실린 「플라톤에게서의 신」, 121쪽에서 오시리스를 언급합니다.

과학, 모든 인생관의 핵심에 있는 것입니다. 로마가 침략을 했을 때, 그리스는 다리를 만드는 소명을 막 완수하기 시작한 참이었습니다.

로마는 그리스의 정신적 유산을 전부 파괴합니다. 로마가 복속시켜 행정구역으로 만들어버린 다른 모든 나라들에서처럼 말입니다. 단 하나의 예외가 있습니다. 다른 나라들이 지녔던 계시와는 반대로, 이스라엘이 지녔던 계시는 본질적으로 집합적이었고, 그런 까닭에 훨씬 거칠었지만 훨씬 견실했습니다. 그래서 로마의 폭력적 진압을 버텨낼 수 있었습니다. 이런 갑옷 덕분에, 살아남은 약간의 그리스 정신이 지중해 동쪽 연안에 품어졌습니다. 그리하여 사막과도 같았던 세 번의 세기가 흐른 뒤, 수많은 사람들이 지녔던 심한 갈증 틈새에서 완전히 순수한 샘물이 솟아올랐습니다. 중재의 관념이 꽉 찬 현실성을 얻었고, 완전한 다리가 등장했으며, 플라톤이 바랐던 것처럼 신적 지혜가 눈에 들어오게 됐습니다.[2] 그리스의 소명은 결국 그리스도교적 소명이 되면서 자신의 완전성을 찾은 것이지요.

이런 계보는, 그리하여 또한 그리스도교의 진정한 사명은, 오랫동안 가려졌습니다. 우선은 이스라엘의 상황에 의해서. 그리고 메시지 전파에 필수적이었던 세계의 임박한 종말에 대한 믿음에 의해서. 그 다음엔 더더욱 로마제국의 공식종교라는 지위에 의해서 말입니다. 짐승Bête[3]은 세례를 받았지만, 그로 인해 세례는 더러워졌습니다. 다행

---

2) 『전집』의 편집자 주에 따르면 베유는 플라톤의 『파이드로스』 250b를 암시하고 있습니다.
3) 짐승은 로마제국을 비유하는 것입니다.

히도 미개인들이 짐승을 무너뜨렸고, 먼 곳의 전통들과 함께 젊고 신선한 피를 수혈했습니다. 10세기 말엔 안정성과 안전을 되찾았고, 비잔틴과 동방이 자유롭게 영향을 끼쳤지요. 그리하여 로마네스크 문명이 등장합니다. 10세기와 11세기의 성당들, 조각들, 그 시기의 그레고리안 성가들, 몇몇 프레스코화들은 위엄과 순수함에서 거의 그리스 예술에 맞먹는 것들입니다. 그것은 진정한 르네상스였습니다. 그리스 정신이 그것의 진리4)인 그리스도교적 형태 속에서 다시 태어난 것이지요.

몇 세기 뒤엔 또 다른 르네상스가 있었습니다. 이것은 오늘날 '르네상스'라는 이름으로 불리는 것이지만, 진정한 것이 아니었습니다. 이 르네상스는 두 가지 정신의 통일성을 예감하게 하는 균형점을 지니고 있었지만, 곧바로 인간주의humanisme를 만들어냈습니다. 그리고 그 인간주의를 통해, 그리스인들이 우리에게 물려준 다리들을 항구적 거주지로 만들어버렸습니다. 사람들은 생각을 했던 것이지요. 그리스 정신으로 회귀하는 데 그리스도교는 불필요하다고. 하지만 그리스 정신과 그리스도교는 같은 곳에 속한 것이었지요. 이후 유럽인의 삶에서 정신적인 것의 몫은 점점 줄어들어 거의 무無에 이를 정도가 됐습니다. 이제 우리는 불행의 상처로 인해, 지금의 상황5)에까지 이르는 진화évolution를 혐오하게 됐습니다. 우리는 르네상스, 18세기, 혁명이 만들어낸 이 인간주의를 저주하고 또 내다버리고 싶어 합니다. 그 결과 우

4) 그리스 정신의 소명이 그리스도교 문명 속에서 완전히 구현됐다는 뜻입니다.
5) 베유가 이 글을 1942년 2월에 썼음을 상기하시기 바랍니다.

리는 인간의 초자연적 소명에 대해 우리가 지닌 창백하고 혼동된 이미지인 혁명을 발전시키기는커녕 오히려 포기하게 됐습니다.

지금 우리의 고통은 이 허구적 르네상스에 뿌리를 두고 있습니다. 진짜 르네상스와 허구적 르네상스 사이에 어떤 일들이 벌어졌던 걸까요?

많은 범죄와 잘못들이 벌어졌습니다. 결정적 범죄는 우리가 살고 있는 땅 위에서 이 옥시타니아 지방을 살육한 것일 겁니다. 우리는 옥시타니아가 여러 측면에서 로마네스크 문명의 중심지임을 알고 있습니다. 옥시타니아가 소멸한 시점은 또한 로마네스크 문명이 종말을 맞은 시점입니다.6)

그 당시만 해도, 오늘날 우리가 발굴을 위해 힘겹게 노력하고 있는 인도, 페르시아, 이집트, 그리스의 문명은, 그리고 어쩌면 또 다른 문명들도, 생생하게 연결돼 있었습니다. 13세기는 그런 연결성을 끊어버립니다. 그 당시엔, 외부의 모든 정신적 흐름들에 대한 개방성이 있었습니다. 십자군 전쟁은 개탄할 만한 것이었지만, 적어도 서로 대적하는 집단들이 상호적인 영향을 실질적으로 교환한 전쟁이긴 했습니다. 물론 아랍인들이 준 게 그리스도교가 준 것보다 훨씬 많았습니다. 어쨌거나 그 전쟁은 현대의 식민주의 전쟁에 비하면 말할 나위 없이 상급上級의 것이었습니다. 13세기부터 유럽은 고립됐고, 더 이상 대륙의 영토를 벗어나지 않았습니다. 파괴를 위해서가 아니라면 말입니다. 마

---

6) 『전집』의 편집자 주에 따르면 이 문장은 이 논문을 이해하는 데 핵심적입니다.

침내 오늘날 우리가 우리의 문명이라 칭하는 것의 배아胚芽들이 존재하게 됐던 것이지요. 그러고선 그 배아들은 르네상스 전까지 땅에 묻혔습니다. 그리고 그 모든 것, 과거, 외부, 미래는 그리스도교의 초자연적 빛에 둘러싸여 있었습니다. 초자연적인 것은 세속적인 것과 뒤섞이지도 않았고, 그것을 박살내지도 않았고, 제거하려 하지도 않았습니다. 초자연적인 것은 세속적인 것을 건드리지 않았고 순수하게 머물렀습니다. 초자연적인 것은 세속적인 것의 원천이고 목적지였던 것이었지요.

하지만 옥시타니아가 파괴되고서 등장한 고딕적 중세는 전체주의적인 영성을 확립하려 했습니다. 있는 그대로의 세속적인 것은 시민권을 가질 수 없었지요. 균형의 이런 결여는 아름답지도 정의롭지도 않았습니다. 이 사실만으로도 전체주의적 영성은 타락한 것이었습니다. 그것은 그리스도교 문명이 아니었습니다. 그리스도교 문명은, 너무 일찍 살해당해 사라진 로마네스크 문명이었지요. 교회가 그 살육의 무기들을 휘둘렀음을 떠올리는 건 너무도 고통스럽습니다. 하지만 그처럼 고통스러운 게 종종 진실입니다. 아마도 13세기 초의 그리스도교 세계chrétienté는 선택을 해야 했을 겁니다. 하지만 잘못 선택을 했습니다. 즉 악을 선택했습니다. 그 악은 열매를 맺었고, 우리는 여전히 그 악 속에 있습니다. 이를 뉘우치는 건 잘못된 선택 이전의 시점으로 돌아가는 것입니다.

옥시타니아적 영감의 본질은 그리스적 영감의 본질과 같습니다. 즉 옥시타니아적 영감은 힘에 대한 인식에 따라 성립했습니다. 이 인식은 오직 초자연적 용기에만 속하지요. 초자연적 용기는 우리가 용기라 칭하는 모든 걸 포함하고, 더 나아가 무한하게 더 귀중한 어떤 걸 내포합니다. 하지만 비겁한 사람들은 초자연적 용기를 영혼의 허약함으로 여깁니다. 힘을 인식한다는 것은, 이 세계를 거의 절대적으로 지배하는 것으로 힘을 파악하면서, 혐오 및 멸시로써 힘을 거부하는 것입니다. 이 멸시는 힘에 의해 상처를 받은 모든 것에 대한 연민의 다른 측면입니다.

힘에 대한 이런 거부는 사랑의 개념 속에서 완전해집니다. 오크어의 나라에서의 궁정宮廷식 사랑은 그리스적 사랑과 똑같은 것입니다. 비록 이 두 형태의 사랑에서 여성의 역할의 큰 차이가 그 똑같음을 가리고 있지만 말입니다. 하지만 그리스인들이 여성들에 대한 멸시 때문에, 지금은 낮고 천하게 여겨지는 남자들 사이의 사랑을 찬양한 건 아닙니다. 플라톤의 『향연』과 사포Sapho의 예에서 볼 수 있듯이, 그리스인들은 여성들 사이의 사랑도 똑같이 찬양합니다. 그럼으로써 그들이 찬양했던 건 다름이 아니라 불가능한 사랑입니다. 그리고 그것은 다름이 아니라 순결을 유지하는 것입니다. 하지만 남녀관계의 향유엔 관습적 제한이 거의 없었습니다. 반면, 그들 자신이 자연에 반反해 명명했던 향유는 수치심 때문에 제대로 꿈꿀 수 없었지요. 그리스도교 그리고 게르만 이주민들의 풍속의 커다란 순수함은 그리스에는 없던 장벽을 남성과 여성 사이에 설치했습니다. 그래서 남성과 여성은 서로 간에 플라토닉한 사랑의 대상이 됩니다. 결혼의 신성한 결합이 성별의 동일성을 대체합니다. 사포와 소크라테스가 악에 대한 취향이 없듯이, [오크어의 나라의] 진정한 음유시인들은 간통에 대한 취향이 없습니다.

그들이 원한 것은 불가능한 사랑입니다. 오늘날 우리는 플라토닉한 사랑을 궁정식 사랑의 형태로 떠올리는데, 사실 이 둘은 같은 것입니다.

이 사랑의 본질은 플라톤의 『향연』의 멋진 몇 줄[7] 속에 표현돼 있습니다.

중요한 건 이것입니다. 사랑은 불의를 행하지도 당하지도 않는다는 것. 신들 사이에서건 사람들 사이에서건 말입니다. 만일 사랑이 고통을 받는다 하더라도, 힘에 의한 것은 아니기 때문입니다. 힘은 사랑을 건드리지 못하기 때문입니다. 그리고 사랑은 힘을 통해 행동하지 않습니다. 각자는 기꺼이 전적으로 사랑에 복종하려 하기 때문입니다. 시테의 법은 쌍방이 자발적으로 합의한 것을 정의로운 것으로 여깁니다.

힘과의 접촉에 굴복한 모든 건 타락합니다. 그 접촉이 어떤 것이건 말입니다. 때리는 것과 맞는 것은 단 하나의 똑같은 더럽혀짐입니다. 칼의 냉혹함은 칼끝이건 칼자루건 똑같이 치명적입니다. 힘과의 접촉에 노출된 모든 것은 파손될 수 있습니다. 그리고 이 세계의 모든 것은 예외 없이 힘과의 접촉에 노출되지요. 사랑과의 접촉만 빼고 말입니다. 이때의 사랑은, [라신의] 페드르나 [몰리에르의] 아놀프의 사랑처럼 노예제이자 강압으로 귀결되는 자연적 사랑이 아닙니다. 이때의 사랑은 초자연적인 것입니다. 그 진실 속에서 곧바로 신을 향하는 사랑, 그러

---

7) 196b~c.

고선 신이 자신의 피조물에 대해 갖는 사랑과 결합한 뒤 다시 내려오는 사랑, 직접적이건 간접적이건 언제나 신적인 것에 말을 건네는 사랑이 그것입니다.

궁정식 사랑은 한 명의 인간 존재를 대상으로 합니다. 하지만 궁정식 사랑은 강렬한 욕망이 아닙니다. 그것은 다만 사랑하는 상대를 향한 기다림이고, 그의 동의를 구하는 것입니다. 이 동의를 지칭하는 음유시인들의 말인 자비merci는 은총의 개념에 아주 근접한 것입니다. 이 사랑의 완전한 형태는 사랑하는 상대를 통해 신으로부터 내려오는 사랑입니다. 그리스에서와 마찬가지로 오크어의 나라에서도 인간적 사랑은 인간과 신 사이의 다리들 가운데 하나입니다.

로마네스크 예술에서도 똑같은 영감이 빛납니다. 로마네스크 건축은 비록 로마에 어떤 형태를 빚졌지만, 위력이나 힘에 대해선 어떤 신경도 쓰지 않았고, 오직 균형만을 고려했습니다. 즉 고딕식 뾰족탑의 비상飛翔이나 첨두형 궁륭의 치솟음 같은 힘과 교만의 오점을 지니지 않았다는 것이지요. 로마네스크 교회는 균형점을 둘러싼 저울처럼 서있습니다. 그 균형점은 진공 위에 머물고, 위치를 알려주는 어떤 표식도 없는데 감지됩니다. 이는 십자가를 감싸 안기 위한 것입니다. 십자가는 저울이고, 그 저울에서 예수의 몸이 우주에 대한 평형추를 이룹니다. 부조浮彫된 존재들은 중요한 인물들이 전혀 아닙니다. 그들은 아무도 대변하지 않고, 사람들이 쳐다본다는 것도 모릅니다. 그들은 그냥 느낌대로, 건축적 비례가 지시하는 대로 서있을 뿐입니다. 그들은 아무 장식이 없어서 서툴러 보입니다. 그레고리안 성가는 천천히 높아지

다가 대담해진다고 여겨지는 시점에서 멈추고 낮아집니다. 즉 상승운동이 부단히 하강운동에 종속됩니다. 은총은 이 모든 예술의 원천입니다.

옥시타니아의 시는 흠결 없는 완성도를 가진 몇몇 경우에 그리스의 시에 비견할 만한 순수함을 갖습니다. 그리스의 시는 순수함으로 고통을 표현하고, 가감 없는 쓰라림의 밑바닥에서 완전한 평온이 빛납니다. 옥시타니아 음유시인들troubadours의 어떤 시들은 기쁨을 아주 순수한 방식으로 표현할 줄 알았습니다. 그래서 그 시들을 통해 에는 듯한 고통이, 유한한 피조물의 위로받을 수 없는 고통이 드러납니다.

> 나는 종달새가 햇살을 향해 기쁨에 찬
> 날개를 펴는 걸 바라보네.
> 그러면 새는 자신을 잊은 듯
> 가슴에서 우러난 따뜻함을 지니고서 내려오네.8)

오크어의 나라가 파괴됐을 때, 영국 시에서 똑같은 음조가 다시 등장합니다. 하지만 현대 유럽의 언어들에선 이 시에 담긴 열락悅樂에 맞먹는 게 아무것도 없습니다.

피타고라스학파는 조화 또는 균형이란 대립하고 있는 것들 사이의 통일이라고 합니다. 폭력을 통해 대립물들을 가깝게 만들려는 곳에선 조화가 없습니다. 대립물들을 뒤섞더라도 마찬가집니다. 대립물들이

---

8) 『전집』의 편집자 주에 따르면, 이 시는 12세기 후반 리모주의 음유시인이었던 방타두르Bernat de Ventadour의 가장 유명한 노래입니다.

결합할 수 있는 지점을 찾아내야 합니다. 그 고유한 영혼에 폭력을 가해선 결코 안 됩니다. 위로를 해서도 뒤흔들어도 결코 안 됩니다. 그것이 무엇이건, 감정을 일으키는 것이건, 사물을 관조해야 합니다. 고통과 기쁨이 순수해져서 단 하나의 동일한 것을 이루는 비밀스런 지점에 이를 때까지 말입니다. 이는 시 자체의 미덕입니다.

 이 오크어의 나라에선 공공적 삶도 똑같은 정신으로 이루어졌습니다. 이 나라는 자유를 사랑했습니다. 하지만 복종 또한 사랑했습니다. 이 두 대립물의 통일이 사회 속의 피타고라스적 조화입니다. 그러나 오직 순수한 것들 사이에서만 조화가 가능합니다.

 공공적 삶에서의 순수함은 힘을 이루는 모든 것을 최대한 제거하는 것입니다. 즉 모든 집합적인 것 그리고 플라톤이 말한 사회적 짐승이 만들어내는 모든 것을 최대한 제거하는 것입니다. 사회적 짐승은 오직 힘만을 가집니다. 이 짐승은 군중처럼 힘을 행사하기도 하고, 여러 사람 또는 한 사람에게 그 힘을 맡기기도 합니다. 하지만 법 그 자체는 힘을 갖지 않습니다. 자유의 유일한 성채인 법은 다만 글로 된 텍스트입니다. 소크라테스가 자신을 바쳤던 이 그리스적 이상理想에 부합하는 시민정신은 완전히 순수합니다. 그가 누구든 단지 한 사람으로 여겨질 뿐인 사람은 결코 힘을 갖지 않습니다. 우리가 만일 한 사람으로서의 그에게 복종한다면, 복종은 완전히 순수합니다. 이것이 뒤따르는 관계에 대한 개인적 충실성이 뜻하는 것입니다. 그런 충실성은 자긍심을 온전히 보존해줍니다. 하지만 집합적 권력을 위임받은 사람의 명령을 실행한다면, 그 일을 사랑으로 하건 아니건, 우리는 타락합니다다. 훌륭한 시인이자 여러 면에서 옥시타니아적 전통의 진정한 계승자인 테오필 드 비오Théophile de Viau는 왕이나 주인에의 헌신을 그 전통 속에서 이해했습니다. 하지만 리슐리외가 통일 과정에서 파리가 아닌 모든 걸 프랑스에서 죽여 버렸을 때, 그런 정신은 완전히 사라졌습니다. 루이 14세는 그의 신민들에게 복종이라는 아름다운 이름에 어울리지 않는 예속을 강요했지요.

물론 다른 모든 곳에서처럼 13세기 초 툴루즈에서도 사회생활은 더럽혀져 있었습니다. 하지만 적어도 영감은 순수했습니다. 오로지 시민정신과 복종으로 채워진 영감 말입니다. 반면, 툴루즈를 정벌한 사람들에게선 영감조차도 더럽혀져 있었습니다.

우리는 로마네스크 과학이 존재했었는지를 알 수 없습니다. 만일 존재했다면, 그것이 우리의 과학에 갖는 관계는 그레고리안 성가가 바그너에게 갖는 관계와 같은 것이었을 겁니다. 우리가 '우리의 과학'이라 부르는 걸 탄생시켰던 그리스인들은 과학을 신적인 계시에서 비롯된 것, 신에 대한 명상으로 영혼을 이끄는 목적을 가진 것으로 여겼습니다. 과학이 그런 목적에서 벗어난 건 과학적 정신이 지나쳐서가 아니라 부족해서였습니다. 즉 정확성과 엄밀성이 부족해서였습니다. 과학은 세계 안에 질서를 갖고 등장하는 모든 걸 우리의 물리적이고 정신적인 유기체의 층위échelle에서 탐구하는 것입니다. 오직 그 층위에서만 말입니다. 망원경, 현미경, 현기증 나는 수학기호들 그리고 그 밖의 모든 연구방법들이 그 층위를 벗어나는 걸 허용하지 않기 때문입니다.

과학은 말씀Verbe의 행위 또는 그리스인들이 말했듯 정돈하는 신적 사랑의 행위 말곤 다른 대상을 갖지 않습니다. 과학만이 가장 순수한 엄밀함 속에서 섭리Providence 개념에 정밀한 내용을 부여할 수 있습니다. 인식의 영역에서 과학이 할 수 있는 다른 일은 없습니다. 예술처럼 과학은 아름다움을 대상으로 갖습니다. 로마네스크적 아름다움은 과학 속에서도 빛날 수 있었을 겁니다.

옥시타니아 지역에서 순수함에 대한 욕구는 카타르 종교religion cathare를 통해 가장 명료하게 표현됩니다. 옥시타니아의 불행의 계기가 됐더라도 말입니다. 카타르파派, les cathares는 정신적 자유를 교리들을 없애는 데까지 실천했던 듯합니다.9) 하지만 교리의 그런 부재는 불편함을 초래했고, 그 결과 카타르파 외부의 교회는 그리스도교 교리를 마치 다이아몬드처럼 온전하게, 확고한 엄밀함을 갖고 보존합니다.10) 하지만 약간이라도 신앙이 더 있었다면 카타르파 모두를 살육해야 한다고 믿지는 않았을 겁니다.

카타르파는 힘의 잔혹함을 밀어내면서 비폭력을 실천했고, 힘의 영역에 속한 모든 것, 다시 말해 육체적이고 사회적인 모든 것이 악에서 비롯됐다는 독트린을 확립합니다. 그것은 멀리 밀고나간 것이었지

---

9) 『전집』의 편집자 주에 따르면, 시몬 베유는 카타리즘에 대한 당시의 불완전한 인식을 받아들이고 있었고 가톨릭교회의 교리에 강한 애착을 갖고 있어서 이런 지적을 합니다.
10) 역시 카타리즘에 대한 불완전한 인식과 가톨릭교회의 교리에 대한 강한 애착으로 인해 이런 표현을 합니다.

만, 복음서보다 멀리 나아간 것은 아니었습니다. 가능한 최대치로까지 밀고나간 복음서의 두 이야기가 있기 때문입니다. 그 하나는 하늘나라를 위해 스스로를 거세한 남자들에 관한 것입니다.11) 다른 하나는 악마가 예수에게 지상의 왕국을 보여주면서 하는 말입니다.

저 모든 권력과 영광을 당신에게 줄게요. 그것들은 저 자신에게 주어진 것이니, 제 마음에 드는 누구에게나 줄 수 있어요.12)

이 시대의 정신은 르네상스 때 다시 등장해서 오늘날까지 발전해왔습니다. 하지만 초자연적인 것이 빠져버렸습니다. 즉 양분을 주는 빛을 상실한 것이지요. 엽록소 없는 식물처럼 말입니다.『바가와드 기따』에서 대립물의 상실이라 칭한 이 상실은 오늘날 우리에게 인간주의의 대립물을 찾아 나서게 합니다. 어떤 사람들은 이 대립물을 힘, 집합적인 것, 사회적 짐승에서 찾습니다. 다른 사람들은 고딕적 중세로의 회귀에서 그것을 찾습니다. 첫째 것은 가능하고 쉬운 것이지만, 악입니다. 둘째 것도 바람직하지 못 할 뿐더러 완전히 몽상적입니다. 우리는 거의 전적으로 세속적 가치들로 짜인 환경 속에서 자라나지 않은 것처럼 행동할 수는 없기 때문입니다. 구원은 대립물들이 하나로 결합하는 순수한 장소에 가닿는 것일 겁니다.

만일 18세기가 플라톤을 읽었더라면, 앎과 능력facultés의 빛을 단순

---

11)「마태오복음」, 19장 12절.
12)「루가복음」, 4장 6절.

히 자연적인 것이라 칭하진 않았을 겁니다. 동굴의 우화는 명백히 깨닫게 해줍니다. 인간의 자연적 조건은 암흑이라는 것을. 인간은 암흑 속에서 태어나, 암흑 속에서 살고, 암흑 속에서 죽습니다. 하늘의 다른 쪽 어떤 곳에서 내려오는 빛을 향해 돌아서지 않는다면 말입니다. 인간주의의 잘못은 진리, 아름다움, 자유, 평등이 무한한 가치를 갖는다고 생각하는 게 아닙니다. 인간주의의 잘못은 은총 없이 그것들을 얻을 수 있다고 믿는 것입니다.

    로마네스크 문명을 파괴한 운동은 얼마 뒤 반작용으로 인간주의를 초래합니다. 이 두 번째 운동의 막바지에 도달한 우리가 매번 점점 더 낮은 곳으로 추락하는 이 단조로운 왕복 운동을 계속해야 할까요? 오히려 우리의 시선을 균형점을 향해 돌려야 하지 않을까요? 하지만 역사의 흐름을 거슬러 올라가면, 12세기에 가닿기 전까진 균형점을 찾을 수 없습니다.

    그토록 멀리 떨어진 시기의 영감을 오늘날의 실존 조건에 어떻게 적용할까를 고민할 필요는 없습니다. 우리가 그 시기의 아름다움에 사랑을 갖고 주의를 기울이면서 관조한다면, 바로 그런 한에서, 그 시기의 영감이 우리에게 내려오겠지요. 지금 우리가 숨 쉬는 공기를 이루는 천박함들 가운데 적어도 일부라도 조금씩 존재의 기반을 잃게 하기 위해서 말입니다.

7

가치의 개념을 둘러싼 몇 가지 성찰

Quelques réflexions autour de la notion de valeur

1941년 1월과 2월에 미발표 원고로 『전집』 IV-1권과 『선집*Oeuvres*』에 실려 있습니다.

가치의 개념은 철학의 중심에 놓여 있습니다. 가치의 개념에 대한, 가치들의 위계에 대한 성찰은 모두 철학적입니다. 가치가 아닌 다른 대상을 생각하려고 애쓰는 모든 것은, 가까이 들여다보면, 철학에 낯선 것입니다. 그러므로 철학 자체의 가치는 자명한 것입니다. 결국 가치 개념은 모든 사람 머릿속에 항상 있습니다. 모든 사람의 생각과 행동이 어떤 선善, bien을 향해 있듯이 말입니다. 이는 그럴 수밖에 없는 것입니다. 다른 한편, 가치는 전적으로 성찰의 대상일 뿐, 경험의 대상일 수 없습니다. 어떤 의미에선, 인간의 삶의 법칙은 먼저 철학하고 그 다음에 사는vivre 것입니다. 특정한 상황에서 삶과 죽음 사이에 선택을 하는 건 그 자체가 가치들에 대한 비교를 내포하기 때문입니다. 물론 사람들이 그들의 노력을 이끄는 가치들을 성찰하는 경우는 결단코 거의 없습니다. 하지만 이는 다음 사실을 뜻합니다. 그들은 충분한 이유가 있어서 그 가치들을 받아들였다고 믿는다는 것.

가치를 선택하는 모든 사람의 기준은 최고의 필요성입니다. 하지만 무엇이 최고로 필요한 것인지는 그 누구도 정확하게 알 수 없는 것입니다. 모든 인간적 인식은 가설적입니다. 논증들은 공리들이나 앞서 논증된 정리들로부터만 도출되고, 감각 기관들을 통해 확인된 사실들은 다른 사실들과 연결돼야 받아들여집니다. 하지만 가치는 가설의 대상이 아닙니다. 가치란 우리가 무조건적으로 받아들이는 것이지요. 매 순간 우리 삶은 어떤 가치 체계에 따라 움직이기 때문입니다. 즉 우리의 삶을 이끄는 바로 그 순간에서의 가치 체계는 결코 어떤 조건하에서가 아니라 무조건적으로 받아들여진 것입니다. 그렇지만 인식은 조건적이고, 그래서 가치들은 인식될 수 없습니다.

그럼에도 우리는 가치들에 대한 인식을 포기할 수 없습니다. 그런 포기는 가치들을 믿는 걸 포기하는 것인데, 그것은 불가능하기 때문입니다. 인간의 삶은 무언가를 향해야만 하기 때문입니다. 그러므로 인간의 삶의 중심에는 모순이 있습니다.

이런 고찰은 말로 하기 어렵기 때문에 추상적으로 보입니다. 하지만 그런 모순은 지속적으로, 그리고 다양한 형태로, 모든 인간 존재의 본질적 드라마를 이룹니다. 그 구체적 예들을 드는 건 쉽습니다. 이를테면 모든 예술가는 알고 있습니다. 어떤 작품이 다른 작품보다 더 아름답다고 확실하게 말할 수 있게 해주는 기준 같은 건 있을 수 없다고. 그럼에도 모든 예술가는 또한 알고 있습니다. 미적 가치의 위계가 있다고. 다른 것들보다 더 아름다운 것들이 있다고. 또는, 어떤 것들은 아름답고 어떤 것들은 아름답지 않다고. 만일 그런 걸 모른다면 그 누구도 작품을 완성하려 애쓰지 않을 거고, 고치려고도 하지 않을 것이고, 계속 하지도 않을 겁니다. 스스로도 알지 못하는 아름다움을 향해 예술가늘을 몰아붙이는 이런 조건은 모든 예술적 창조의 노력에 일정한 불안을 안겨줍니다. 그런데 모든 인간적 상황은 이와 비슷한 방식으로 분석될 수 있습니다.

목적으로 간주될 수 있는 모든 건 온갖 정의定意를 빠져나갑니다. 반면, 힘puissance이나 돈 같은 수단들은 쉽게 정의됩니다. 그렇기 때문에 수많은 사람들이 전적으로 수단들을 획득하는 데 자신을 바칩니다. 그래서 그들은 또 다른 모순에 빠집니다. 단순한 수단을 목적으로 삼는 모순 말입니다. 이 모순은 모든 […] 에 의해 느껴집니다[…].1)

[이 부분은 초고가 없어졌습니다]

정신의 직관과 추론의 부재[…]2)
가치들 사이에 그런 질서를 확립한 정신이 무얼 더 요구하겠습니까? "가치를 갖는 사물이 진짜로 있기나 한가? 모든 건 똑같이 가치가 없지 않을까?"와 같은 질문에 그[정신]가 아직도 대답을 해야 하는 것일까요? 그런 질문들은 무의미합니다. 질문들에 대한 대답을 찾을 방법이 없기도 하고, 더 깊은 이유가 있어서이기도 합니다. 그런 질문을

---

1) Cette contradiction est sentie par tous les […]. 원고가 끊어진 부분입니다.
2) […] intuition de l'esprit et sans raisonnement. 끊긴 원고가 다시 시작하는 부분입니다.

7 가치의 개념을 둘러싼 몇 가지 성찰　133

던지는 능력은 말들을 엮어내는 능력일 뿐입니다. 하지만 정신은 그런 질문을 진정으로 제기할 수 없습니다. 가치의 개념이 허구적이냐 아니냐 하는 것은 불확실할 수 없습니다. 정신은 본질적으로 언제나, 어떤 방식으로건, 가치를 향한 끌림이기 때문입니다. 정신은 자신의 존재를 불확실하게 여기는 한에서만, 가치 개념 자체를 불확실하게 여길 수 있습니다. 하지만 이는 불가능합니다.

성찰을 통해 확립된 가치들 사이의 질서를 불확실하게 여길 수 있을까요? 그 질서의 원리 자체가 그걸 가로막습니다. 어떤 특정한 판단의 가치가 다른 모든 것들 — 이미 가치가 부여돼서 알고 있는 것들을 제외하고서 — 의 가치의 조건을 이루는 것처럼, 내 생각들이 내게 어떤 질서를 제공해주는데, 다른 무엇이 더 필요할까요? 내가 알지 못하는 다른 어떤 생각을, 내가 머릿속에서 분류해놓은 걸 부정하는 더 진실한 어떤 생각을 전제해야 하나요? 그럴 수 없습니다. 두 관념에 대한 가치 비교는 그 둘 모두를 생각하는 동일한 정신을 전제합니다. 즉 가정된 관념은 나에 의해 생각될 수 있는 것이어야 합니다. 나는 그 관념을 관념들의 위계 속에 분류할 수 있는 것으로, 앞선 것보단 뒤에 오고 가치가 더 적은 것으로 여길 겁니다. 가치는 내 생각의 특질이기 때문에, 내가 가치들 사이에 설정하는 위계는 확실합니다. 내 생각에 외재적인 그 어떤 것도 그것을 부인할 수 없습니다. 내 생각에 외재적인 그 어떤 것도 가치 개념에 개입할 수 없습니다. 이 모든 것의 의미를 제대로 알려면, 진리란 생각의 가치[3]일 뿐임을 떠올리면 됩니다. 진리라는 단어는 다른 뜻을 가질 수 없습니다.

그러므로 철학적 탐구의 엄밀성과 확실성은 가능한 최대치입니다. 과학은 그런 엄밀성과 확실성에서 멀리 떨어져 있는 것이지요. 그렇다면 철학적 성찰은 오류가 없다고 결론지어야 할까요? 그렇습니다. 철학적 성찰은, 실천되는 한에선, 오류가 없습니다. 하지만 인간 조건은 엄밀한 의미의 성찰을 실천하는 걸 거의 불가능하게 합니다. 가치에 대한 끌림인 정신은 어떻게 가치에서 빠져나올 수 있을까요? 가치를 고려하고 판단하고 다른 것들과의 관계 속에 위치 짓는 게 정신의 일이라면 말입니다. 그런 빠져나오기엔 노력이 필요합니다. 또 정신의 모든 노력은 가치에 끌려 행해지는 것입니다. 그러니 가치에서 빠져나오려면, 정신은 그런 빠져나오기를 최고의 가치로 여겨야 합니다. 하지만 그런 빠져나오기를 다른 모든 걸 넘어서는 가치로 여기려면, 다른 모든 것들에서 이미 빠져나와 있어야 합니다. 이는 악순환이므로, 성찰의 실천은 기적과 같습니다. 은총이란 단어는 이런 기적적 성격을 표현합니다. 빠져나왔다는 환상은 종종 생겨납니다. 단순히 가치가 바뀐 걸 빠져나온 걸로 여기기 때문입니다. 숨 가쁜 긴장 상태에서 게임에 한참 몰두한 도박꾼은 왜 이기려 하는지, 이기는 게 왜 올바른 것인지 스스로 묻지 않습니다. 그는 그것을 스스로 물을 수 없습니다. 어쩌면 몇 시간의 긴장 상태가 지난 뒤엔 그런 질문이 마음에 떠오를지도 모르겠습니다. 그렇다고 그가 빠져나온 건 아닙니다. 그는 이제 탈진해서, 돈을 따는 게 아니라 휴식에 가치를 두게 되었을 뿐입니다. 철학

---

3) 베유는 '생각의 판단'이라고 썼다가 이렇게 고쳤습니다.

적 성찰이 요구하는 빠져나오기는 한 시간 전에, 어제에, 일 년 전에 택했던 가치에서 빠져나오는 게 아니라, 모든 가치에서 예외 없이 빠져나오는 겁니다. 지금 현재 끌리는 가치들도 포함해서 말입니다. 돈을 따려고 몰두한 시점에서 도박꾼이 돈 따는 것을 휴식, 맛있는 걸 먹으려는 욕망, 잘 마무리된 일, 우정 그리고 그밖에 욕망의 대상이 될 수 있는 모든 것과 동등하게 여기고, 그런 다양한 모든 걸 공정히 비교한다고 해봅시다. 빠져나오기란 그런 것일 겁니다. 그런데 그것은 기적입니다.

이를 통해 우리는 잘 알 수 있습니다. 철학은 과학처럼 인식을 획득하려는 게 아니라 마음 전체를 변화시키려는 것임을 말입니다. 가치는 인식뿐만 아니라 감성과 행위에도 관계하기 때문입니다. 그러니 감성과 삶의 실천에 본질적인 변화, 즉 삶의 가장 평범한 상황에서나 가장 비극적인 상황에서도 똑같은 효력을 가질 변화를 가져오지 않으면, 철학적 성찰이 아닙니다. 가치는 마음의 지향일 뿐이므로, 어떤 가치를 내세우는 것과 그 가치에 이끌리는 것은 단 하나의 똑같은 일입니다. 만일 우리가 동시에 두 가지 가치를 생각한다면, 분열이 생겨날 수도 있지만, 더 높이 평가하는 가치 쪽으로 기울어지게 되겠지요. 성찰은 우리가 빠져나오기라고 명명한, 마음의 지향에서의 변화를 전제합니다. 성찰의 대상은 가치들의 위계 속에 순서를 확립하는 것, 마음의 새로운 지향을 확립하는 것입니다. 빠져나오기는 가능한 모든 목표를 예외 없이 포기하는 것, 죽음이 임박했을 때 그렇게 하듯 미래가 있어야 할 곳에 진공을 설정하는 것입니다. 그렇기 때문에 고대의 신비 속에서, 플라톤의 철학에서, 산스크리트 문헌들에서, 그리스도교에서, 그리고 아마도 언제 어디에서나, 빠져나오기는 항상 죽음과 비교됐고, 죽음을 통과하는 지혜로의 입문과 비교됐습니다. 이런 관념은 인간의 생각에 관해 우리가 지닌 가장 오랜 문헌들 속에, 즉 이집트 문헌들 속에 존재합니다. 그런 관념은 틀림없이 인류만큼이나 오래된 것이지요. 그리하여 지혜에 대한 모든 탐구는 죽음을 향해 있습니다. 하지만 지금 관건인 빠져나오기는 대상이 없는 게 아닙니다. 빠져나온 뒤 생각이 지니는 대상은 가치들 사이의, 모든 가치들의, 참된 위계를 확립하는 것입니다. 그러므로 빠져나온 뒤 생각의 대상은 다른 어떤 곳이 아닌 지금 이 세계에서의 삶의 방식, 즉 보다 나은 삶입니다. 순서가 매겨진 가치들은 이 세계의 가치들이기 때문입니다. 바로 이런 뜻에서 철학은 가치를 향해 있고, 죽음을 통해 삶을 바라봅니다. 그러나 성찰을 통해 확립된 가치들의 순서가 한꺼번에 전적으로 확립된 것은 아닙니다. 마음은 그 순서를 생각할 때만, 오직 성찰의 노동을 통해 그 순서를 생각할 때만, 그 순서에 부합됩니다. 그러므로 지혜는 다음과 같은 것입니다. 죽음이 더 나은 삶을 위해 그리고 더 나은 삶이 죽음을 위해 부단히 고동치는 것^{pulsation}. 그렇게 고동치지 않는다면 추락을 할 것입니다.

    철학적 성찰이 오류가 없다는 확언은 일반적인 의견들과 절대적으로 대립합니다. 사람들은 그저 철학 속에서 추측들만을 봅니다. 그런 의견들이 생겨나는 이유는 체계들 사이의 모순들 그리고 각각의 체계 내부의 모순들 때문입니다. 사람들은 일반적으로 믿습니다. 철학자 개개인은 다른 모든 체계와 대립하는 하나의 체계를 갖는다고. 하지만 그렇지 않습니다. 오히려 어쩌면 인류만큼 오래됐고 희망컨대 인류만큼 오래 지속될 하나의 철학적 전통이 있습니다. 물론 스스로 철학자라 칭하는 모든 사람이 이 전통을 공통의 원천처럼 여기고 뒤쫓진 않습니다. 하지만 많은 철학자들이 이 전통에서 영감을 받습니다. 그들의 생각이 거의 같은 내용을 가질 정도로 말입니다. 틀림없이 플라톤이 이 전통의 제일 완벽한 대변자입니다. 『바가와드 기따』도 똑같이 이 전통에 속합니다. 또 우리는 그에 필적하는 이집트와 중국의 문헌들을 손쉽게 찾을 수 있습니다. 유럽의 근대 철학자들 가운덴 데카르트와 칸트가 있고, 최근의 사상가들 가운덴 프랑스에선 라뇨[Jules Lagneau]와 알랭, 독일엔 훗설이 있습니다. 제가 여기서 철학이라 칭하는 건 바로 이 철학적 전통입니다. 사람들이 이 전통의 다양성을 비난하더라도, 이 전통은 하나이고 영원하며, 진보를 받아들이지 않습니다. 갱신이 가능하다면, 표현과 관련될 뿐입니다. 어떤 사람이 그가 살고 있는 시대, 문명, 환경에 부합하는 언어로 자신과 주변의 사람들에게 그 철학적 전통을 표현하려 할 경우에 말입니다. 시대에 따른 그런 변환은 필요합니다. 이것이 플라톤이 말한 이후 이 문제를 다시 언급해야 할 유일한 이유입니다.

이 철학들의 근본적 동일성은 용어의 차이에 입각한 외적 차이에 의해 가려집니다. 언어는 철학적 성찰을 표현하기에 적합하지 않습니다. 철학은 단어들의 뜻을 바꿔 자신에게 적합하게 할 때만 언어를 사용할 수 있습니다. 그렇다고 그 새로운 뜻이 단어들 자체에 의해 정의될 수 있는 건 아닙니다. 그 뜻은 저자가 생각을 표현하는 양식들 전체를 통해서만 드러납니다. 그러니 그 양식들을 모두 알아야 하고 또 그 전체성을 파악해야 합니다. 그러면서 그것들을 저자와 똑같은 관점에서 바라보고, 저자의 생각의 핵심에 위치해야 합니다. 철학적 저술은 어떤 그림들과도 같습니다. 그 그림들은 어떤 지점에 이르러 모든 게 정돈될 때까진 색깔들의 무질서한 집합일 뿐입니다. 그러므로 상이한 저자들의 주장을 비교하는 건 아무 의미가 없습니다. 개별 철학자들의 생각의 핵심에 위치해야 합니다.4) 그러면 우리는 그들의 저술이 같은 정신에서 비롯된 것인지 아닌지를 알 수 있습니다. 하지만 어떤 철학자건 선배들에 대해 이런 노력을 기울이지 않을 수 있고, 그래서 자신이 그들과 똑같음을 모를 수 있습니다. 하지만 그가 그것을 알건 말건 별로 중요하지 않습니다.

물론 이 전통에서 영감을 받지 않은 저자들도 있습니다. 그건 하나도 중요하지 않습니다. 철학적 성찰은 빠져나오기를 내포하는데, 빠져나오기는 일종의 기적이기 때문입니다. 스스로를 철학자로 여기거나 그렇게 여겨지는 철학자들 가운데 많은 수가 엄밀한 의미의 성찰 능력을 갖지 못합니다. 또 일관된 방식의 성찰을 통해 그들의 모든 저술을 도출해내지도 못합니다. 그럼에도 이런 저자들 가운데 몇몇은 거의 일급이어서 그들의 저술은 큰 주목을 받을 만합니다. 또 성찰을 행하는 저자들도 지속적으로 성찰을 이끌어가진 못하고, 모든 지점을 성찰하

---

4) 『전집』의 편집자 주에선 시몬 베유가 종교에 관련해서건 철학에 관련해서건 절충주의syncrétisme를 끔찍이도 싫어했음을 강조합니다.

지도 못합니다. 그들의 생각은 결함이 있고, 그런 결함들은 동종同種의 사상가들 사이에 불일치를 만들어냅니다.

모순들에 대해 말하자면, 모든 철학적 생각들은 모순을 내포합니다. 이는 철학적 생각의 불완전성이긴커녕 오히려 본질적 성격입니다. 그것이 없다면 거짓된 껍데기만 남는 본질적 성격 말입니다. 철학은 아무것도 지어내지 않기 때문입니다. 철학에겐 대상이 주어져 있고, 그 대상은 우리의 생각들이기 때문입니다. 플라톤이 말했듯, 철학은 생각들의 목록을 만들 뿐입니다. 그 목록 속에서 모순을 마주치더라도, 거짓말을 하면서 그것을 제거하는 건 철학의 일이 아닙니다. 모순들을 제거하려고 체계를 만드는 철학자들은 철학이 추측적이라는 의견을 정당화해주는 듯합니다. 그런 체계들은 무한히 다양하고, 그것들 가운데 어떤 하나를 선택할 이유가 없기 때문입니다. 그러나 인식의 관점에선, 그런 체계들은 의견보다 못한 것입니다. 추측들이 어쨌거나 하급의 생각들이라면, 체계들은 생각도 아니기 때문입니다. 우리는 체계들을 생각할 수가 없습니다.5) 이유는 이렇습니다. 만에 하나 우리가 잠시라도 체계를 생각한다면, 그 잠시 동안, 문제가 되는 모순들을 제거할 겁니다. 그런데 그 모순들은 제거할 수 없는 것들이라는 게 그 이유입니다. 생각의 목록을 만들면서 성찰이 마주치는 모순들은 생각에 본질적인 것들입니다. 체계를 만들려는 사람의 생각에도 말입니다. 사

---

5) 『전집』의 편집자 주에 따르면 베유는 그의 스승 알랭의 비판을 뒤따르고 있습니다. 즉 관념들 사이의 일치를 추구하는 체계의 정신은 표상을 위해 세계를 잃어버릴 수 있다는 비판이 그것입니다.

람들이 생각을 발전시켜 체계를 구축하는 동안, 모순들은 그들의 생각 속에 현존합니다. 하지만 그들은 지나친 야심 때문에 단어들을 생각에 부합하지 않게 사용합니다. 외적 세계의 현실성을 부인하는 사람들이 "세계는 없다"고 말할 때에 자신의 탁자와 의자에 대해선 여느 농부와 똑같은 느낌을 갖듯이 말입니다. 더 명확한 예를 들어보지요. "하나의 선線, ligne은 일정한 길이를 갖는 동시에 무한한 점들을 내포한다"고 말하는 건 모순입니다. 하나의 사물이 유한하기도 하고 무한하기도 하다고 생각하는 것이니까요. 그런데 하나의 선이 유한한 수의 점들로 이루어졌다고 말한 그리스인들은 오로지 모순을 제거하려는 욕망에 사로잡혔던 것입니다. 그들은 자신들이 말하고 있는 것에 대해 생각하지 않았던 것이지요. 그들은 그것을 생각할 수 없었던 것입니다. 우리는 선 안에서 유한하게 반복되는 선의 일부를 생각할 수 없습니다. 길이가 아닌 것으로가 아니라면 말입니다. 우리는 나눠질 수 없는 길이를 생각할 수 없습니다. 그래서 우리가 제거하려는 모순은 다시 나타날 수밖에 없습니다. 그러니 오히려 드러내는 게 좋습니다. 생각에 본질적인 모순들을 제거하려고 노력하는 대신 솔직하게 드러내기로 결정하면, 결정적인 진보를 이룰 수 있습니다. 의미 없는 수많은 정식定式이 철학뿐만 아니라 정밀과학을 포함한 과학들에서도 사라질 터이니 말입니다. 생각의 모든 본질적인 모순을 제거하려는 계획 속에 만들어진 완전한 체계들이 가치를 갖는다면, 그것은 오로지 시적 가치일 뿐입니다. 이 점에선 발레리[6]의 단언이 완전히 정확합니다.[7]

[원고가 쓰인 쪽 끝에 베유는 기하학적 형상을 그려 넣고 등식을 써놓았습니다]

[분실된 쪽?]

[…] 파르메니데스와 헤라클레이토스 덕분에 생각의 본질적으로 모순적인 성격을 […],8) 하나의 명제와 그 반대 명제를 똑같이 손쉽게 입증하는 기법을 창안했으며, 아무것도 입증하면 안 된다는 게 아니라, 유용한 것을 입증해야 한다고 결론지었습니다. 그들의 영향을 받아 재능 있는 모든 그리스 청년들이 독재자가 되고 싶어 했습니다. 하지만 유용성을 추구하고 역능puissance을 추구하는 건 선善을 믿는 것이고, 가치들의 순서를 제시하는 것입니다. 그래서 소크라테스는 이들에 맞서 손쉬운 대답을 내놓습니다. 즉 생각은 가치를 가질 수 있다는 것입니다. 사람들은 단지 말로만 이를 부인할 수 있을 뿐이지요. 그래서 그때부터 진리의 지표를 단순하게 규정할 수 있게 됐습니다. 즉 참이라고 생각하지 않는 게 정신에게 불가능한 모든 것이 참이라는 것입니다.

6) 『전집』의 편집자 해설(53~54쪽)에 따르면, 베유는 폴 발레리가 콜레주 드 프랑스 강연에서 제시한 가치에 대한 경제학적 관점을 '불충분한' 것으로 여겼던 듯합니다.
7) 『선집』에는 여기서 글이 끝납니다. 뒤에 추가된 부분은 『전집』에 실린 것입니다.
8) […] grâce à Parménide et à Héraclite la nature essentiellement contradictoire de la pensée. 분실된 쪽에 쓰인 주어와 동사에 이어지는 문장입니다. 주어는 베유가 다음 문장에서 '그들'이라 칭한 사람들입니다. 동사는 어쩌면 '받아들였고' 같은 것이 아니었을까요?

받아들이지 않기가 내게 불가능한 게 만일 거짓이라면, 내 생각 전체가 아무 가치도 없을 것이기 때문입니다. 그럴 경우 내 생각은 계속 잘못된 것을 받아들일 것이기 때문입니다. 이 지표는 바로 데카르트의 것이기도 합니다. 데카르트는 이런 식으로, 어쩌면 다소 불편하게, 명료함을 정의합니다. 정신이 내버릴 수 없는 모든 게 참이라는 것이지요. 이런 지표를 적용하는 건 쉽지 않습니다. 내버릴 수 있는 것과 없는 것을 구분하기 위해, 자신의 모든 믿음을 어떤 예외도 없이 자신으로부터 떨어트려 놓는 노력을 기울여야 하기 때문입니다. 이때 이중의 위험이 있습니다. 어떤 믿음이 너무 강렬해서 생각을 하는 데 그게 필수적이라고 여기지만, 전혀 그렇지 않을 수 있기 때문입니다. 또 어떤 믿음을 내버렸다고 믿지만 실제론 여전히 간직하고 있을 수 있기 때문입니다. 말로썬 모든 걸 부정할 수 있어서입니다. "아니다"라는 말은 어떤 문장에든 삽입될 수 있는 것이지요. 게다가 생각들에 거리를 두기 전에, 그것들을 형식화할 필요가 있습니다. 사람은 2+2가 4인지 5인지를 진짜로 불확실하게 여길 순 없습니다. 하지만 67 × 28이 1876인지 1976인지는 불확실합니다. 그러므로 계산을 할 때까진 둘 다 받아들이거나 거부해야 합니다. 또 계산이 잘못될 것도 염두에 둬야 합니다.

8
모든 정당의 폐기에 대한 노트

Note sur la suppression générale des partis politiques

1943년에 쓴 미발표 원고로 『전집』 V-1권에 실려 있습니다. 옮긴이는 이 글을 「모든 정당을 없애야 하는 이유」라는 제목으로 『진보평론』 52호(2012년 여름호)에 실은 적이 있습니다. 당시 옮긴이 이름을 '이인선'이라는 필명으로 했습니다. 다시 읽으면서 지나친 의역을 비롯해 번역에 많은 문제가 있음을 확인했고, 거의 새 번역을 하듯이 전반적인 수정을 했습니다.

저는 정당이란 말을 대륙적 의미로 사용하려 합니다. 앵글로 색슨 계열의 나라들에서 그 말은 전혀 다른 걸 뜻합니다. 전혀 다른 것이란 영국적 전통에 뿌리내린 것이어서 다른 곳에 옮겨질 수 없습니다. 한 세기 반의 경험이 이를 충분히 입증합니다. 앵글로 색슨 정당들은 놀이나 스포츠의 요소를 갖는데, 귀족적 기원을 갖는 제도에서만 있을 수 있는 일입니다. 반면 평민적 기원을 갖는 제도에선 모든 게 진지합니다.

프랑스의 경우 1789년의 정치적 관점에선 정당이라는 생각이 존재할 수 없었습니다. 반드시 피해야할 악(惡)으로나 여겨졌다고 할까요. 물론 자코뱅들의 클럽이 있었습니다. 하지만 그건 원래 자유로운 토론의 장소였을 뿐입니다. 그 성격을 변화시킨 건 어떤 필연적인 메커니즘이 아닙니다. 클럽을 전체주의적 정당으로 만든 건 전쟁의 압박과 기요틴일 뿐입니다.

공포 정치 아래서 분파들의 투쟁을 지배한 건 톰스키Tomski1)가 말했듯 "한 정당만 권력을 갖고 다른 정당들은 모두 감옥에 간다"는 생각이었습니다. 그래서 유럽 대륙에서 정당들은 전체주의를 원죄로 갖습니다.

유럽인들의 공공적 삶에 정당이 자리 잡은 건 한편으론 공포 정치의 유산이고, 다른 한편으론 영국의 영향 때문입니다. 존재하고 있다고 해서 정당을 보존해야 할 필요는 없습니다. 선善만이 보존의 정당한 동기를 이룹니다. 정당들의 악은 자명합니다. 검토해야 할 것은 정당들에게 어떤 선이 있어서 악을 상쇄하고도 남아 그 존재를 정당화해줄지입니다.

하지만 오히려 이렇게 묻는 게 훨씬 적절합니다. 정당들에겐 손톱만큼이라도 선이 있을까요? 정당들은 순수한 형태의 악 또는 거의 그러한 악이 아닐까요?

정당들이 악이라면 실제로, 실천 속에서, 악만을 만들어낼 수밖에 없습니다. "좋은 나무는 나쁜 열매를 맺을 수 없고 썩은 나무는 아름다운 열매를 맺지 못한다"는 속담처럼.

우선 선의 지표가 무엇인지를 식별해야 합니다.

그것은 진실과 정의일 수밖에 없고, 이차적으론 공공적 유용성입니다.

민주주의는, 가장 많은 사람들의 권력은, 선이 아닙니다. 민주주의

---

1) 1880~1936. 러시아의 노동자 출신 정치인.

는 선을 위한 수단으로, 옳건 그르건 유효하다고 여겨지는 것입니다. 가정을 해봅시다. 히틀러가 아니라 바이마르 공화국이 가장 엄격하게 의회적이고 법적인 방식으로 유대인들을 수용소에 가둔 뒤 교묘하게 고문하고 살해까지 했다고 말입니다. 그런 고문은 지금과 마찬가지로 일말의 정당성도 가질 수 없습니다. 그런데 그런 일은 언제든 일어날 수 있는 일입니다.

오직 공정한 것만이 정당합니다. 범죄와 거짓말은 어떤 경우건 정당할 수 없습니다.

우리의 공화주의적 이상理想은 전적으로 루소의 일반의지 개념에서 비롯됩니다. 하지만 그 개념은 거의 곧바로 의미를 잃었는데, 복잡하고 주의를 요하기 때문입니다.

몇몇 장章을 예외로 친다면,2) 『사회계약론』만큼 아름답고 강력하고 명석하고 명확한 책은 드뭅니다. 사람들은 그 책만큼 큰 영향을 끼친 책은 드물다고 합니다. 하지만 아무도 그 책을 읽지 않은 듯이 일들이 벌어졌고 또 벌어집니다.

루소는 두 가지 자명함에서 출발합니다. 첫째로, 이성은 정의와 결백한 유용성을 간파하고 선택하지만, 모든 범죄는 정념passion 때문에 일어난다는 것. 둘째로, 이성은 모든 사람에게서 동일하지만, 정념은 대부분의 경우 다르다는 것. 그러므로 어떤 일반적 문제를 사람들이 홀로 성찰해 의견을 표명한다고 해봅시다. 그 의견들을 비교해보면 아

---

2) 『전집』의 편집자 주에 따르면 『사회계약론』 4권에서 시민적 조직의 로마 모델에 중요성을 부여한 장들을 말합니다.

마도 올바르고 합리적인 부분은 서로 일치할 것이고, 부당하고 잘못된 부분들은 서로 다를 겁니다.

보편적 합의가 진실을 가리킨다고 우리가 인정할 수 있는 것은 오직 이런 종류의 추론 때문입니다.

진실은 하나입니다. 정의도 하나입니다. 반면 오류나 불의는 무한히 다양합니다. 그래서 사람들은 올바름과 진실 속에 모입니다. 반면 거짓과 범죄는 사람들을 끝없이 흩어지게 합니다. 결합은 물질적인 힘을 만들어내기 때문에, 우리는 거기서 다음의 것을 찾기를 희망할 수 있습니다. 범죄나 오류보다 물질적으로 훨씬 강력한 진실과 정의를 지금 여기서 실현할 수 있는 원천이 그것입니다.

이를 위해선 적합한 메커니즘이 있어야 합니다. 민주주의가 그런 메커니즘이라면 좋은 것이고, 그렇지 않다면 나쁜 것입니다.

루소가 보기엔 국민 전체가 공유하는 불공정한 의지가 한 개인의 불공정한 의지보다 더 좋은 것일 수 없었습니다. 그리고 그는 옳았습니다.

다만 루소는 다음처럼 생각했을 뿐입니다. 특수한 정념들이 서로 중화되고 상쇄되기 때문에 대부분의 경우 국민 전체에 공통되는 의지가 정의에 부합한다고. 오직 이 때문에 그는 특수의지보다 국민 의지를 선호했습니다.

그래서 일정한 양의 물은 끊임없이 서로 부딪혀 운동하는 분자들로 이루어졌음에도 균형을 이루어 완전한 휴식을 취합니다. 그런 물은 사물들의 이미지를 나무랄 데 없이 비춥니다. 수면은 완전히 잔잔합니다. 그런 물은 거기에 떨어지는 물건의 밀도를 정확히 말해줍니다.

만일 정념으로 인해 범죄와 거짓에 빠지는 열정적 개인들이 물이 그러듯 진심되고 정의로운 국민을 이룬다면, 국민이 주권을 갖는 건 좋은 일입니다. 먼저 국민들이 이런 균형 상태를 이루게 하고 그런 다음 국민 의지를 실행한다면, 민주주의 체제는 좋은 것입니다.

진정한 1789년 정신은 국민이 원하는 것이 올바르다고 여기는 게 아니라, 특정한 조건하에서 국민 의지가 다른 어떤 의지보다 정의에 더 부합할 많은 기회를 가질 수 있음을 사고하는 것입니다.

일반의지 개념을 적용하는 데는 몇 가지 불가결한 조건이 있습니다. 그 가운데 두 가지가 특히 중요합니다.

첫째는, 국민들이 그들의 의지를 의식하고 표현할 때, 어떤 집합적 정념도 개입하지 말아야 한다는 겁니다.

집합적 정념이 개입하면 루소의 추론이 실패한다는 건 두말할 필요가 없습니다. 루소는 이를 잘 알고 있었지요. 집합적 정념은 어떤 개인적 정념보다도 무한히 더 강력한 범죄와 거짓에의 충동입니다. 이 경우 나쁜 정념들은 상쇄되지 않고 서로를 천 배나 더 강화시킵니다. 그 압력은 거의 저항할 수 없는 것입니다. 진짜 성인聖人이 아니라면 말입니다.

격류에 휩쓸린 물은 사물을 비추지 못하고, 수면도 잔잔하지 않으며, 떨어진 물건의 밀도도 말해주지 못합니다. 하나의 격류에 휩쓸리는지 서로 부딪혀 소용돌이치는 다섯 또는 여섯 격류에 휩쓸리는지는 중요치 않습니다. 물이 요동치는 건 마찬가지이기 때문입니다.

한 가지 집합적 정념이 어떤 나라를 완전히 사로잡으면, 나라 전체가 범죄에 동의합니다. 둘, 넷, 다섯 또는 열의 집합적 정념이 나라를 갈라놓으면, 나라는 여럿의 범죄 집단으로 찢어집니다. 이런 상이한 정념들은 개인적 정념의 부스러기들이 큰 덩어리에 녹아들듯 상쇄되지 않습니다. 상쇄되기엔 숫자가 너무 적고 각각의 힘은 너무 큽니다. 싸움은 정념들을 격화시킵니다. 정념들은 지옥의 굉음을 내며 부딪치고, 사람들은 거의 지각될 수 없는 상태에 이른 정의와 진실의 소리를 1초도 들을 수 없습니다.

어떤 나라에 집합적 정념이 있으면 아무런 특수의지도 일반의지보다 정의와 진실에 더 가까워질 수 있습니다. 희화화戱畵化된 일반의지보다 말입니다.

둘째 조건은, 국민들이 공공적 삶의 문제에 대해 자신들의 의지를 표현해야 한다는 겁니다. 인물들을 선택하는 데 그치지 않고 말입니다. 무책임한 집단들을 선택하는 건 더더욱 의미가 없습니다. 일반의지는 그런 선택과 아무 연관이 없습니다.

1789년에는 다른 걸 상상하지 못해 대의제도를 선택했지만, 그럼에도 일반의지가 일정하게 표현된 건 선거와는 다른 무엇이 있었기 때문입니다. 당시엔 생명력이 나라에 넘쳐흘러, 생명력을 가진 모든 것이 나라 곳곳에서 발언 매체들을 통해 생각들을 표현했습니다. 많은 대표자들은 생각의 이런 협력 과정을 통해 자신을 알렸습니다. 그들은 그 열기를 간직했습니다. 그들은, 나라 전체가 열망들이 얼마나 정확히 대변되는지 감시하면서 그들의 말에 귀 기울이는 걸 느꼈습니다.

일정한 짧은 기간 동안 진정으로 그들은 공공적 생각들의 단순한 표현 기구였습니다.

하지만 이런 일은 더 이상 반복되지 않았습니다.

이 두 조건은 단순히 언급되는 것만으로도 다음의 것을 말해줍니다. 우리는 민주주의와 약간이라도 유사한 것마저도 체험한 적이 없다는 것. 우리가 그 이름으로 일컫는 것 속에서 국민들은 공공적 삶의 어떤 문제에 대해서도 의견을 표현할 기회나 방법이 없습니다. 특수한 이해관계를 벗어나는 모든 것은 집합적 정념에 종속됩니다. 집합적 정념이 체계적이고 공식적으로 장려되는 것이지요.

민주주의와 공화국이라는 말의 용법 자체는 다음 두 문제를 세심한 주의를 기울여 검토하게 합니다.

프랑스 국민인 사람들이 공공적 삶의 큰 문제들에 대한 판단을 어떻게 때때로 표현할 수 있도록 할 것인가?

국민들에게 의견을 물을 때, 일종의 집합적 정념이 그들 사이에서 유통되는 것을 어떻게 막을 것인가?

이 두 가지를 숙고하지 않으면, 공화국의 정당성을 말하는 건 무의미합니다.

해결책을 떠올리긴 쉽지 않습니다. 하지만 이 문제들을 주의 깊게 검토해보면, 모든 해결책이 우선 정당의 폐기를 전제한다는 게 자명해집니다.

정당들을 진실, 정의, 공공선의 지표에 따라 평가하려면, 먼저 그

기본 성격을 알아봐야 합니다.

그 가운데 세 가지를 다음처럼 제시해봅시다.

정당은 집합적 정념을 만들어내는 기계라는 것.

정당은 각각의 당원들의 생각에 집합적 압력을 행사하기 위해 만들어진 조직이라는 것.

모든 정당의 첫째 목적이자 궁극적인 유일한 목적은 무한한 자기 확장이라는 것.

바로 이 세 가지 성격으로 인해 정당은 그 싹에서부터 그리고 그 열망에서 전체주의적입니다. 그렇지 않은 유일한 경우는, 정당을 둘러싼 것들이 마찬가지로 전체주의적일 경우입니다.

이 세 성격은 정당의 활동을 가까이서 접해본 사람들에겐 너무 확실한 진실입니다.

셋째 성격은 생각하는 존재들을 집단이 지배하는 모든 곳에서 벌어지는 한 가지 특수한 현상입니다. 그것은 목적과 수단의 도치이지요. 예외 없이 모든 곳에서, 일반적으로 목적으로 여겨지는 모든 것들이 실제로는 수단들입니다. 본성, 정의定義, 본질에서 그리고 가장 자명한 방식으로 말입니다. 우리는 모든 영역에서 그 예들을 수없이 찾을 수 있습니다. 돈, 권력, 국가, 민족적 힘, 경제적 생산, 대학 학위 등등이 그렇듯 말입니다.

오직 선善만이 목적입니다. 사실들의 영역에 속하는 건 모두 수단입니다. 그리고 집합적인 생각은 사실들의 영역을 벗어나지 못합니다. 동물적 생각이기 때문입니다. 집합적 생각이 선의 개념을 지닐 때는 기껏해야 이러저러한 수단들을 절대적 선으로 여기는 잘못을 범하기 위해서입니다.

정당들이 바로 그렇게 여겨집니다. 원칙적으로 정당은 특정한 공공선의 관념에 봉사하는 도구입니다. 어떤 사회 집단의 이해관계에 연결된 정당들도 마찬가지입니다. 그런 이해관계와 공공선이 일치할 수 있는 건 공공선에 대한 특정한 관념 덕분이기 때문입니다. 하지만 공공선에 대한 그런 관념은 극도로 모호합니다. 예외 없이, 정도의 차이도 없이 말입니다. 제일 일관성이 없는 정당이건 제일 엄격하게 조직된 정당이건 독트린의 모호성에선 마찬가지입니다. 정치를 아무리 심도 깊게 연구한 사람이라도 한 정당의 독트린을 정확하고 선명하게 제시할 순 없습니다. 자기가 속한 정당에 대해서도 그렇습니다.

사람들은 이를 스스로에게도 거의 드러내지 않습니다. 만일 그걸 드러낸다면 순진하게도 자신을 무능력한 사람으로 여길 텐데, '정당의 독트린'이란 표현이 애초부터 무의미한 것임을 알아차리지 못했기 때문입니다.

평생 동안 이념 문제에 대해 쓰고 연구한 사람도 독트린을 갖기 힘듭니다. 더욱이 집합체는 결코 독트린을 가질 수 없습니다. 독트린은 집합적 상품이 아닙니다.[3]

---

[3] 베유는 독트린이라는 용어를 참된 개념들과 명제들의 정합적 체계라는 뜻으로 사용합니다.

그리스도교의 독트린, 힌두교의 독트린, 피타고라스의 독트린과 같은 말들이 있습니다. 이때 독트린은 개인적인 것도 집합적인 것도 아닙니다. 그것은 개인적이거나 집합적인 영역보다 무한히 높은 곳에 있습니다. 독트린은 다만 진리를 뜻합니다.

정당의 목적은 모호하고 환상적입니다. 만일 정당의 목적이 현실적이라면, 무척 큰 노력을 집중해야 할 것입니다. 공공선 관념을 사고하는 게 쉽지 않기 때문입니다. 반면, 정당의 존재 자체는 손으로 만져지듯 명백해서 공들여 알아차릴 필요가 없습니다. 그래서 정당 그 자체가 목적이 되는 건 불가피합니다.

이때부터 우상숭배가 시작됩니다. 그것이 우상숭배인 건 오직 신만이 정당하게 그 자체로 목적을 이루기 때문입니다.

이런 전환은 손쉽습니다. 사람들은 자명한 공리처럼 말합니다. 정당이 자신의 존재 이유인 공공선 관념에 잘 봉사하려면 많은 권력을 갖는 게 필요충분조건이라고.

하지만 한정된 크기의 어떤 권력도 결코 충분하게 여겨지지 않습니다. 특히 권력을 획득한 다음엔 말입니다. 정당은 사고하지 않기 때문에 항상 무능력한 상태에 있고, 그걸 언제나 불충분한 권력 탓으로 돌립니다. 만일 어떤 정당이 나라를 완전히 장악했더라도, 국제 관계들이 제한을 가합니다.

결국 정당의 본질적 경향은 전체주의적입니다. 국내적으로뿐만 아니라 지구적으로도 말입니다. 정당들은 허구적이고 텅 비었고 현실성 없는 공공선 관념을 지녔기 때문에, 전체주의적 힘을 추구합니다. 모든 현실은 그 자체로 제한된 것입니다. 존재하지 않는 것은 제한되지 않지요.

그러므로 전체주의와 거짓말은 서로를 끌어당기고 결합합니다.

많은 사람들은 실제로 전체주의적 권력에 대해 전혀 숙고하지 않습니다. 그런 생각은 그들을 겁먹게 합니다. 그런 생각은 현기증을 일으킵니다. 그래서 그런 생각을 견지하려면 일종의 격조를 지녀야 합니다. 보통의 사람들은 정당에 관심을 가지면 그저 정당의 확장만을 욕망합니다. 정당을 어떤 한계도 갖지 않는 사물처럼 여기면서. 지난해보다 당원 세 명이 늘어나면, 또는 당비가 백 프랑 늘어나면, 그들은 만족합니다. 그들은 이러한 것들이 같은 방향으로 무한히 뻗어나가길 바랍니다. 당원들이 너무 많다거나 지지자가 너무 많다거나 돈이 너무 많다고는 절대로 생각하지 않습니다.

혁명적 기질의 사람들은 전체를 구상하고, 쁘띠 부르주아적 기질의 사람들은 느리면서도 지속적이고 제한 없는 변화를 꿈꿉니다. 그러나 두 경우 모두 정당의 물질적 성장이 유일한 기준이 되고, 그 기준으로 선악을 정합니다. 정당이 사료를 먹는 동물이고 우주가 정당을 살찌우기 위해 존재하는 것처럼.

우리는 신과 재물을 동시에 섬길 수 없습니다. 만일 우리가 선과 무관한 선의 기준을 갖는다면, 선의 개념은 상실됩니다.

정당의 확장이 선의 기준이 되면, 정당은 사람들의 생각에 집합적인 압력을 반드시 행사하게 됩니다. 이 압력은 실질적으로 행사되고 공개적으로 펼쳐지지요. 이 압력은 공공연하게 시인되고 공표됩니다.

익숙해져서 무감각해지지 않았다면, 이는 소름끼치는 일입니다.

정당들은 우리의 마음에서 진실과 정의의 감각을 제거하기 위해 공공적이고 공식적으로 구성된 기구입니다.

집합적 압력이 대중들에게 행사되는 건 선전을 통해서입니다. 선전의 목적은 해명을 통해 소통하는 게 아니라 설득하는 것이지요. 히틀러는 선전이 항상 정신을 노예화하려는 시도임을 매우 잘 통찰했습니다. 모든 정당은 선전을 합니다. 그렇지 않은 정당은 선전을 하는 다른 정당들 사이에서 버텨내지 못하고 사라지지요. 모든 정당이 선전을 한다고 시인합니다. 그런데 정당이 대중을 교육하고 국민의 판단력을 함양한다고 말하는 것보다 더 새빨간 거짓말은 없습니다.

정당들은 지지자들, 젊은이들, 새로운 가입자들을 교육한다고 말합니다. 이건 거짓말입니다. 정당이 하는 일은 교육이 아니라 길들이기입니다. 당원들의 생각을 철저하게 장악하기 위한 준비로서의 길들이기 말입니다.

의원이건 입후보자건 단순한 열성당원이건 어떤 당원이 공개적으로 다음처럼 선언한다고 가정해봅시다. "저는 약속드립니다. 어떤 정치적, 사회적 문제를 다루건 간에 제가 특정한 집단의 일원임을 완전히 잊고 오직 공공선과 정의만을 위해 저 자신을 바치겠다고 말입니다."

이런 발언은 매우 나쁘게 받아들여집니다. 그를 지지했던 사람들은 물론 다른 많은 사람들마저도 그를 배신자로 여길 것입니다. 덜 적대적인 사람들은 "그는 왜 당에 가입했지?"라고 질문할 겁니다. 정당에 가입한 사람들은 공공선과 정의만을 추구하는 걸 포기해야 한다는 것을 순박하게 드러내면서 말입니다. 결국 그 당원은 정당에서 축출되거나 권한을 상실할 겁니다. 그가 공천을 받는다는 건 있을 수 없습니다.

게다가 그런 발언이 행해진다는 것 자체가 불가능합니다. 실수가 아니라면 말입니다. 만일 겉보기에 그와 유사한 발언이 행해진다면, 그건 다만 다른 정당의 도움을 받아 권력을 장악하려는 경우일 뿐입니다. 이 경우에조차 그 발언은 명예를 저버리는 것처럼 여겨집니다.

반면, "보수주의자로서 나는 ……", "사회주의자로서 나는 ……"이라는 식으로 말하는 건 당연하고 양식 있고 명예롭게 여겨집니다.

이는 정당에만 국한된 일이 아닙니다. "프랑스인으로서 나는 ……", "가톨릭교도로서 나는 ……"이라고 말하면서 우리는 얼굴을 붉히지 않습니다.

히틀러주의의 프랑스적 등가물인 드골주의를 지지하는 소녀들은 "진리는 상대적이에요, 심지어 기하학에서도 그래요"라고 말합니다. 그녀들은 핵심을 건드렸습니다.

진리가 없다면, 우리가 어떤 존재인지에 따라 다른 방식으로 생각하는 건 당연합니다. 머리가 검은 사람, 갈색인 사람, 붉은 사람, 금발인 사람이 모두 생각이 다르다는 것이지요. 그렇다면 생각은 머리 색깔처럼 물리적 제거 과정의 산물일 것입니다.

하지만 진리가 있다면 오직 참인 것만을 사고해야 합니다. 프랑스인이기 때문에, 가톨릭교도이기 때문에, 사회주의자이기 때문에 어떤 걸 사고해선 안 됩니다. 오직 거역할 수 없는 명백함의 빛에 따라 사고해야 합니다.

명백하지 않다면, 의심이 든다면, 우리가 지금 처한 인식의 상태 속에서 문제가 잘못되었음이 명백합니다. 한 편이 거의 틀렸다면, 거의 틀린 것이 명백할 따름입니다. 항상 내면의 빛에 귀 기울이는 사람에겐 언제나 뚜렷한 대답이 주어집니다. 대답의 내용이 다소간 단정적이더라도, 그건 중요하지 않습니다. 그 내용은 언제든 수정할 수 있는데, 오직 더 많은 내면의 빛을 통한 수정이어야만 합니다.

어떤 정당의 당원 한 사람이 전적으로 내면의 빛에만 의지해서 사고하기로 단호히 결심했다고 해봅시다. 그는 이런 결심을 알릴 수 없고, 결국 정당에 거짓말을 하는 상태에 있게 됩니다.

이런 상황이 받아들여지는 건, 공공적인 일들에 효과적으로 개입하려면 정당에 가입할 필요가 있다는 이유 때문입니다. 하지만 그런 필요는 악이고, 그 악을 끝내려면 정당을 없애야 합니다.

내면의 빛에만 전적으로 의지하겠다는 결심을 하지 않은 사람은 영혼의 한 복판에 거짓을 새겨 넣습니다. 그 결과 그는 내면의 어둠을 벌로 받게 됩니다.

사람들은 내적 자유와 외적 규율을 구분함으로써 그 벌을 피하려 합니다. 하지만 그럴 경우, 모든 후보자나 당선자가 대중에게 진실을 말해야 한다는 특별한 의무에도 불구하고 거짓말을 하게 됩니다.

내가 만일 진실과 정의에 반대되는 것을 정당의 이름으로 말해야 한다면, 이를 사전에 미리 통지할 수 있을까요? 그럴 수 없다면 나는 거짓말을 하는 것입니다.

    정당, 대중, 나 자신에 대한 이 세 가지 거짓말 가운데, 정당에 대한 거짓말이라고 해서 가장 덜 나쁜 게 아닙니다. 정당에 소속됨으로써 언제나 거짓말을 할 수밖에 없다면, 정당의 존재는 절대적으로, 무조건적으로 악입니다.

    게시판에서 다음과 같은 식의 모임 공지를 보는 건 흔한 일입니다. 어떤 모임의 주제에 대해 X 씨가 공산주의적 입장에서, Y 씨가 사회주의적 입장에서, Z 씨가 급진주의적 입장에서 발표를 하리라는 공지 말입니다.

    이 불행한 사람들은 그들이 발표할 관점을 알아내기 위해 무얼 할까요? 누구와 의논할 수 있을까요? 어떤 말들을 참조할까요? 집합체는 혓바닥도 없고 펜도 없습니다. 개인들만이 표현 기관을 갖습니다. 사회주의적 집합체는 어떤 개인 속에도 없습니다. 급진주의적 집합체도 마찬가지입니다. 공산주의적 집합체는 스탈린이 구현하지만 그는 멀리 있고, 그래서 모임을 갖기 전에 전화를 걸어 물어볼 수도 없습니다.

    결국 X 씨, Y 씨, Z 씨는 자신을 참조할 수밖에 없습니다. 그런데 그들은 정직하기 때문에, 먼저 특별한 정신적 상태를 지어내 그 속에 머뭅니다. 그 상태는 그들이 공산주의적, 사회주의적, 급진주의적 동료들과 함께 있을 때 느꼈던 분위기의 상태와 비슷한 것입니다.

    그들은 그런 상태에 머물면서 자신들의 반응을 이끌어내고 공산주의적, 사회주의적, 급진주의적 '관점'에 부합하는 말들을 자연스럽게 만들어냅니다.

물론 한 가지 조건은 정의와 진실을 식별하기 위해 주의를 기울이는 모든 노력을 금하는 것입니다. 만일 그런 금지된 노력을 한다면, 그들은 '개인적 관점'을 표명하는, 소름끼치는 위험에 처하게 됩니다.

결국 오늘날 진실과 정의를 향한 끌림은 개인적 관점에 따른 것으로 여겨질 뿐입니다.

본디오 빌라도가 예수에게 묻습니다. "진실이란 무엇입니까?" 예수는 이 질문에 대답하지 않습니다. 이미 "저는 진실을 증언하러 왔습니다"라고 대답했기 때문입니다.[4]

오직 단 하나의 대답만이 있습니다. 즉 진실이란 오로지 모든 걸 바쳐 전적으로 진실만 염원하는 사람의 정신 속에서 솟아오르는 생각들이라는 것입니다.

거짓과 오류 ― 이 둘은 같은 것이지만 ― 는 진실을 염원하지 않는 사람들의 생각들이거나, 진실만이 아니라 다른 것도 함께 염원하는 사람들의 생각들입니다. 예컨대 진실을 염원할 뿐만 아니라 기존 관념들에 부합하기를 동시에 염원하는 사람들의 생각이 그런 것입니다.

그런데 진실에 대해 아무것도 모르면서 어떻게 진실을 염원할 수 있을까요? 그건 신비들 가운데 신비입니다. 사람으로선 상상할 수 없는 완전성을 표상하는 신, 진실, 정의와 같은 말들을 어떤 관념도 개입시키지 않고 속으로 열망을 갖고 되뇔 때, 그 말들은 영혼을 상승시켜 빛 속에 머물게 합니다.

---

4) 「요한복음」, 18장 37~38절.

미리 내용을 속단치 않고 텅 빈 상태에서 진실을 염원할 때 우리는 빛을 만납니다. 주의를 집중한다는 건 이런 것입니다.

한편으론 진실, 정의, 공공선을 판별하려 하고 다른 한편으론 단체의 성원에 걸맞은 태도를 유지하면서, 공공적 삶의 극히 복잡한 문제들을 검토하기란 불가능합니다. 사람은 두 가지 생각거리에 동시에 집중할 능력이 없습니다. 그래서 하나에 몰두하는 사람은 다른 하나를 포기해야 합니다.

정의와 진실을 포기한다고 해서 고통이 주어지진 않습니다. 그런데 정당들의 체계는 순순히 복종하지 않는 당원들을 제일 가혹하게 처벌합니다. 이런 처벌은 거의 모든 것, 즉 경력, 감정, 우정, 명성, 외적 명예, 심지어 가족생활마저도 손상시킵니다. 공산당은 이런 체계를 거의 완전하게 발전시켰지요.

처벌에도 불구하고 내적으로 동요하지 않는 사람들조차 판별 능력이 손상됩니다. 만일 그들이 당의 지배력에 대항한다면, 그런 대항의지 자체가 진실에 낯선 경계해야 할 동기이기 때문입니다. 그런데 그런 경계 또한 진실에 낯선 것이어서, 점점 빗나가게 됩니다. 진정으로 주의를 집중하는 건 사람에게 너무 힘들고 폭력적이어서, 작은 감정적 교란만으로도 방해를 받습니다. 그러므로 개인적인 염원과 두려움의 동요에 맞서, 자신에 내재하는 판별 능력을 보호하는 게 절대적으로 중요합니다.

어떤 사람이 몹시 복잡한 계산을 한 뒤 답이 짝수일 때마다 매를 맞아야 한다면, 매우 난처한 상황에 처한 것이지요. 그런 상황에선 마음의 육체적 부분에 자리 잡은 어떤 것이 항상 홀수를 얻기 위해 계산에 개입합니다. 하지만 그처럼 개입하면 짝수가 아닌 곳에서도 짝수를 얻게 됩니다. 흔들리면서 주의력이 손상되는 것이지요. 계산이 매우 복잡해서 최고의 주의력이 필요하다면, 틀림없이 자주 틀리게 됩니다. 그 사람이 아무리 똑똑하고 용기 있고 진실을 사랑해도 소용없습니다.

어떻게 해야 할까요? 답은 간단합니다. 매를 때리는 사람들에게서 벗어나려면, 도망쳐야 합니다. 손아귀를 벗어날 수 있다면, 벗어나야 합니다.

정당들에 대해 바로 이렇게 해야 합니다.

어떤 나라에 정당들이 있다면, 다음과 같은 사태가 성립할 수밖에 없습니다. 정당에 가입해서 게임을 같이 놀아주지 않으면 공공적인 일들에 효과적으로 개입하는 게 불가능해지는 사태가 그것입니다. 공공적인 일에 관심을 갖는 사람이라면 누구든 효과적인 개입을 원합니다. 그래서 길은 두 갈래로 나뉩니다. 첫째는, 공공선에 대한 생각을 내려놓고 관심을 다른 데로 돌리는 것. 둘째는, 정당의 바위 아래 짓눌리는 것. 이 둘째 길을 택하더라도 또 다른 골칫거리들이 생겨나 공공선의 문제는 잊혀 집니다.

정당은 놀라운 기구입니다. 정당으로 인해 한 나라 전체에서 그 어떤 사람도 공공적인 일을 다루면서 선, 정의, 진실을 식별하려는 노력을 기울이지 않습니다.

그 결과 매우 적은 수의 우연의 일치를 제외하곤 공공선, 정의, 진실에 반대되는 조처들만 결정되고 실행됩니다.

공공적 삶의 관리를 악마한테 맡기더라도 이보다 더 교묘한 걸 생각해낼 순 없을 겁니다.

현실이 완전한 암흑이 아닌 건 정당이 아직 모든 걸 집어삼키진 않았기 때문입니다. 그런데 옛날엔 현실이 덜 어두웠을까요? 지금 여기서 그린 그림과 똑같이 어둡지 않았을까요? 사건이 그걸 드러내주지 않았나요?

이제 실토해야 합니다. 정당들에 고유한 정신적 억압의 메커니즘이 생겨난 건 가톨릭교회의 이단 탄압에서부터라고 말입니다.

가톨릭교회에 처음 나간 초심자는 — 또 가톨릭교회에 계속 머물기로 확고히 결심한 기성 신자도 — 교리를 통해 선악을 배웁니다. 그리고 그는 문턱을 넘어서면서 '이단으로 단죄 받지 않을 것'을 공언합니다. 즉 '곧이 곧 대로의 신앙'의 모든 조항을 통째로 받아들입니다. 하지만 그가 그 조항들을 하나씩 되새긴 건 아닙니다. 그 조항들을 다 공부하는 건 최고의 지성과 교양을 지닌 사람이 평생을 바쳐도 불가능합니다. 각각의 단죄들이 행해진 역사적 정황을 모두 공부할 수는 없기 때문입니다.

제대로 알지 못하는 확언들을 받아들이는 게 어떻게 가능할까요? 간단합니다. 그런 확언들을 내뱉는 권위에 무조건 복종하면 됩니다.

그래서 토마스 아퀴나스는 자신의 주장을 교회의 권위를 통해서만 내세우려 했습니다. 모든 논쟁을 배척하면서 말입니다. 이유는 이렇습니다. 그의 주장을 받아들이는 사람들은 다른 것이 더 필요 없고, 그의 주장을 거부하는 사람들은 어떤 논쟁으로도 설득할 수 없다는 것.

그리하여 명백함의 내적인 빛은, 진실에의 염원에 대한 보답으로 인간 영혼에 위로부터 주어지는 식별 능력은, 폐물이 됩니다. 사람의 영적 운명에 대한 모든 탐구에서 물러나 덧셈과 같은 눈먼 일이나 하라고 말입니다. 이제 생각의 동기는 진실에 대한 무조건적이고 무제한적인 염원이 아니라, 미리 확립된 가르침들에 부합하려는 욕망입니다.

그리스도가 세운 교회가 진실의 정신을 그토록 폭넓게 억압했다는 건 비극적 아이러니입니다. 사람들은 이를 종종 알아차렸지요. 종교재판에도 불구하고 그런 억압이 완전할 수 없었던 건 신비주의 속에 안전한 피난처가 있었기 때문입니다. 그런데 우리가 잘 모르는 또 다른 비극적 아이러니가 있습니다. 종교재판 체제의 정신적 억압에 맞선 저항운동이 다시 정신적 억압의 길을 뒤따랐다는 것이 그것입니다.

그런 저항의 두 산물인 종교개혁과 르네상스 인본주의는 3세기 동안의 성숙을 통해 1789년의 정신을 만들어내는 데 많이 기여했습니다. 그리고 일정 시간이 흐른 뒤 그로부터 우리의 민주주의가 만들어졌습니다. 정당의 게임에 입각한 우리의 민주주의에서 각각의 정당들은 파문의 위협으로 무장한 세속적 교회들이 되었습니다. 정당의 영향력은 우리 시대의 모든 정신적 삶을 감염시켰습니다.

정당에 가입하는 사람은 아마도 그 정당의 행동과 선전에서 정의롭고 올바른 어떤 걸 보았을 겁니다. 하지만 그는 공공적 삶의 모든 문제들에 대한 정당의 입장을 공부하진 않습니다. 그는 정당에 가입하면서 자신이 모르는 입장들을 수용합니다. 그래서 그의 생각은 당의 권위에 종속됩니다. 조금씩 그 입장들을 알게 될 때 그는 아무 검토도 없이 그것들을 받아들일 겁니다.

정통 가톨릭 — 토마스 아퀴나스가 파악한 것과 같은 — 에 귀의하는 사람의 상황도 정확히 똑같습니다.

어떤 사람이 정당에 가입을 신청하면서 "저는 이러저러한 점에서 당에 찬성해요. 하지만 당의 다른 입장들은 아직 공부하질 못했어요. 그것들을 공부할 때까진, 제 의견은 유보할 수밖에 없어요"라고 말한다고 해봅시다. 정당이 그를 돌려보낼 것은 확실합니다.

그리하여 매우 드문 예외를 제외한다면, 정당에 가입하는 사람들은 나중에 "왕정주의자로서, 사회주의자로서 저는 이렇게 생각합니다……"라는 식으로 표명하게 될 정신적 태도를 양순히 받아들입니다. 이는 매우 편안한 것입니다. 생각하지 않는 것이기 때문입니다. 생각하지 않는 것보다 더 편한 건 아무것도 없습니다.

정당들의 또 다른 성격, 즉 집합적 정념을 만들어내는 기계로서의 성격은 너무나 명확해서 논증할 필요도 없습니다. 집합적 정념은 정당들이 당원들의 마음에 압력을 가하고 외적 선전 활동을 하기 위해 사용할 수 있는 유일한 에너지입니다.

사람들은 고백합니다. 정당의 맹목적 정신은 정의에 대해 귀를 막게 하고, 정직한 사람들이 결백한 사람들을 가장 잔혹한 방식으로 증오하게 만든다고. 사람들은 그것을 고백합니다. 하지만 그런 정신을 만들어내는 제도들을 없앨 생각은 하지 않습니다.

하지만 우리는 마약을 금지하고 있습니다.

그럼에도 마약에 빠지는 사람들이 있지요. 그런데 국가가 모든 담

배 가게에서 아편과 코카인을 팔게 하고 소비를 촉진하는 광고까지 낸다면 마약 중독자는 더 많아 질 겁니다.

결론은, 정당이라는 제도가 거의 순수한 악을 이루는 것 같다는 것입니다. 정당들은 원리적으로 나쁘고, 실천적 효과도 나쁩니다.

그러니 정당들의 폐지는 거의 순수한 선善일 것입니다. 정당들의 폐지는 원리적으로 매우 정당하고 실천적으로 좋은 결과만을 가져올 것입니다.

이제 더 이상 입후보자들은 투표자들에게 "저는 어디에 소속되어 있습니다"라고 말하지 않고 — 그렇게 말하더라도 구체적 문제들에 대한 그들의 구체적 태도를 제대로 알 수 있는 건 결코 아닙니다 —, "저는 이러저러한 문제들에 대해 이러저러하게 생각합니다"라고 말하게 될 것입니다.

당선자들은 자연스럽고 유동적인 끌림에 따라 서로 결합하거나 멀어질 것입니다. 이를테면 나는 식민지 문제와 관련해 A 의원에 완전히 동의하지만 농지소유 문제에 대해선 그와 생각이 다를 수 있습니다. 또 B 의원과는 거꾸로 된 관계일 수 있습니다. 그렇다면 나는 식민지가 의제일 때는 A 의원과 협의하고, 농지소유가 의제일 때는 B 의원과 협의할 것입니다.

정당으로의 인위적 결집은 실질적 이끌림과는 거의 일치하지 않습니다. 즉 어떤 의원이 같은 정당의 어떤 동료와 모든 구체적 문제에서 생각이 다르고, 다른 정당의 어떤 사람과는 완전히 일치할 수도 있는 것입니다.

　1932년 독일에서 코뮤니스트와 나치가 길에서 만나 토론할 때 거의 모든 문제에서 서로 일치함을 확인하고 정신적인 어지럼증을 느꼈던 것은 부쩍이나 흔한 일이었지요!!

　의회 바깥에는 이념적인 잡지들이 존재할 것이고, 그것들을 둘러싸고 자연스럽게 작은 세계들milieux이 형성될 것입니다. 하지만 그런 작은 세계는 유동적인 상태에 있어야만 합니다. 유동성은 이끌림에 따른 세계를 정당과 구별해주고 그 세계가 나쁜 영향력을 행사하지 못하게 해주는 것입니다. 만일 누군가가 어떤 잡지의 편집자나 필자들과 친하게 지내고 또 종종 거기에 글을 쓰기도 한다면, 그는 그 잡지를 둘러싼 작은 세계와 접촉하고 있는 것입니다. 하지만 자신이 그 세계의 일원인지 아닌지는 잘 알 수 없습니다. 안과 바깥의 명확한 구분이 없기 때문입니다. 더 멀리에는, 그 잡지를 애독하고 한두 명의 필자를 알고 있는 사람들이 있습니다. 더욱 멀리에는, 그 잡지에서 영향을 받는 착실한 독자들이 있습니다. 더욱 더 멀리에는, 어쩌다 그 잡지를 읽는 사람들이 있습니다. 하지만 그 누구도 "이 잡지와 연관된 사람으로서 저는 이렇게 생각합니다 ……"라고 말하는 것은 꿈도 꾸지 못할 겁니다.

　만일 어떤 잡지의 필자들이 선거에 나간다면, 그들이 그 잡지를 전면에 내거는 것을 금지해야 합니다. 또 그 잡지가 그들을 공천하거나 직·간접적으로 도움을 주는 것도 금지해야 합니다. 심지어 그들을 언급하는 것조차도 말입니다.

　또 그런 잡지를 지지하는 단체들을 만드는 것도 금지해야 합니다.

만일 어떤 잡지가 필자들이 모든 형태의 다른 출판물에 기고하는 것을 가로막고 관계를 끊겠다고 위협한다면, 사실이 입증되는 대로 그 잡지를 폐간해야 합니다.

이는 기고하기에 수치스러운 출판물들(『그랭구아르*Gringoire*』나 『마리-끌레르』 등등의)이 존재할 수 없는 언론 체제를 만들어낼 것입니다.

어떤 작은 세계가 성원의 자격을 제한된 방식으로 규정하면서 결집하려 한다면, 사실이 입증되자마자 형사 처벌해야 합니다.

물론 비밀 정당들이 생겨날 수도 있습니다. 하지만 그 당원들은 스스로를 부끄럽게 여길 겁니다. 그들은 스스로가 정신적 노예임을 더 이상 공개적으로 드러내지 못할 겁니다. 또 그들은 당의 이름을 내세워 선전 활동을 하지 못할 겁니다. 정당은 당원들을 더 이상 이해관계, 정서, 의무의 막다른 그물망 속에 가둘 수 없을 겁니다.

법이 공정하고 공평하다면, 법이 국민들이 쉽게 받아들일 수 있는 공공선의 관점 위에 서있다면, 그 법이 금지하는 모든 건 저절로 쇠퇴합니다. 그런 법은 존재한다는 것 자체만으로도 그것이 금지하는 모든 걸 쇠퇴하게 합니다. 법의 실행을 보장하려는 억압적 장치들과는 무관하게 그렇습니다.

법에 내재하는 이런 위력은 이미 오래전에 잊힌 공공적 삶의 한 요소입니다. 그것을 되살려야 합니다.

비밀 정당들이 존재해도 어떤 불편도 없을 겁니다. 합법적 정당들의 존재에 따른 문제들에 비한다면 말입니다.

면밀한 검토에 따른 일반적인 결론은, 정당을 없애는 것과 어떻게

든 관련된 어떠한 측면의 불편도 없으리라는 것입니다.

그런데 독특한 역설 한 가지가 있습니다. 아무 불편도 가져오지 않을 그 조처를 실행할 가능성이 매우 낮다는 것입니다. 사람들은 오히려 이렇게 물을 것입니다. "그게 그렇게 간단하다면 왜 여태껏 그걸 그렇게 내버려 두었지요?"

하지만 일반적으로 큰일들은 오히려 손쉽고 간단합니다.

정당들을 없앰으로써 얻어지는 정화의 효과는 공공적인 일을 넘어서까지 미칠 것입니다. 정당의 정신이 이미 모든 걸 감염시켰기 때문입니다.

공공적 삶의 규칙을 결정하는 제도들은 권력의 위세로 인해 한 나라 안의 생각 전체에 영향을 미칩니다.

이제 사람들은 모든 영역에서 거의 아무것도 생각하지 않습니다. 사람들은 다만 어떤 의견에 대해 '찬성' 또는 '반대'의 입장만을 취할 뿐입니다. 그러고선 경우에 따라 찬성 또는 반대의 이유들을 찾을 것입니다. 이런 태도는 정당에 대한 지지가 갖는 효과가 확산된 것입니다.

정당들에는 민주주의자들이 있어서 다양한 정당의 존재를 인정합니다. 마찬가지로 의견의 영역에서도 관대한 사람들이 있어서 찬성하지 않는 의견들의 가치를 인정합니다.

하지만 이는 참과 거짓의 의미를 완전히 잊은 것입니다.

또 어떤 사람들은 오직 한 가지 의견만 옳다고 하고 반대되는 의견은 전혀 검토하지 않습니다. 이런 태도는 전체주의적 정신이 퍼져나간 것이지요.

아인슈타인이 프랑스에 왔을 때 과학자들을 포함한 지식인들은 찬성과 반대 두 진영으로 나뉘었습니다. 모든 새로운 과학적 생각은 학계에서 열정적인 찬성자들과 반대자들을 만들어내는데, 애석하게도 그런 사람들은 정당의 정신에 감염됩니다. 그래서 학계엔 어느 정도 굳어진 흐름들과 파벌들이 생겨납니다.

예술계와 문학계에선 더욱 그렇습니다. 큐비즘과 초현실주의는 일종의 당파들이었습니다. 사람들은 "지드Gide주의자"였고 "모라스Maurras 5)주의자"였습니다. 이름을 얻으려면 정당의 정신에 감염된 열광적 집단에 둘러싸여야 합니다.

마찬가지로, 정당에 가입하는 것과 교회에 다니는 것 사이에도 별 차이가 없습니다. 반종교적 태도도 마찬가집니다. 사람들은 신에 대한 믿음에 찬성하거나 반대할 뿐이고, 또는 그리스도교에 찬성하거나 반대할 뿐입니다. 그래서 이젠 종교의 영역에서도 투사鬪士라는 말이 사용됩니다.

하물며 초등학교에서도 어린이들의 생각을 자극하려고 찬성 또는 반대를 하는 연습을 시킵니다. 교사는 어린이들에게 유명 작가의 글들을 읽어주고선 이렇게 말합니다. "여러분들, 찬성이에요 반대예요? 그 이유를 말해보세요." 하지만 불쌍한 학생들은 세 시간 동안 논술 답안을 작성해야 하는 시험에 대해선, 단 5분도 찬성인지 생각할 틈이 없습

---

5) 1868~1952. 프랑스의 정치인. 『전집』의 편집자 주에선 '모라스의 독트린'과 관련해선 『전집』 V-2권에 실린 「뿌리내림」의 205~206, 233, 248쪽을 참조하라고 합니다.

니다. 오히려 그들에게 "이 글에 대해 묵상을 해보세요. 그리고 마음속에 떠오르는 걸 말해보세요"라고 하는 편이 훨씬 편할 텐데요.

이제 거의 모든 곳에서, 심지어 순수하게 기술적인 문제들에 대해서도, 당파적 태도를 취하는 것, 찬성 또는 반대의 입장을 취하는 것이 생각하는 것을 대체했습니다.

이것은 정치의 세계에서 비롯된 나병癩病입니다. 이 나병은 온 나라에 퍼져 생각 전체를 마비시켰습니다.

이제 모든 정당을 폐지하지 않고선, 우리를 죽이는 이 나병을 치료할 수 없습니다.

시몬 베유 연보

이 연보를 작성하면서 『선집』 35~93쪽의 연보, 『전집』 II-3권 323~339쪽의 연보, 『전집』 IV-1권의 서문과 583~591쪽의 연보, 『전집』 V-1권의 서문 그리고 베유의 『노동 일기』(이삭, 1983)와 시몬느 뻬트르망, 『시몬느 베이유, 불꽃의 여자』(까치, 1978)를 참조했습니다. 『시몬느 베이유, 불꽃의 여자』를 번역하신 강경화 선생님과 『노동 일기』를 번역하신 이재형 선생님께 감사를 드립니다.

1909년

2월 3일 파리 10구역 드 스트라스부르 가街 19번지에서 태어납니다. 아버지 베르나르 베유는 의사이고 어머니 살로메아 베유(결혼 전의 성은 라인헤르츠)는 폴란드에서 태어나 어린 시절 프랑스로 이주했습니다. 두 분 모두 유대인입니다. 1906년에 태어난 오빠 앙드레는 수학자가 되어 부르바키Bourbaki 그룹의 공동 창립자가 됩니다.

1913년

10월 가족이 파리 5구역 생-미셸 가 37번지에 정착합니다. 베유 가족은 지방에 거주했던 시기들을 제외하곤 이곳에서 1929년까지 거주합니다.

1919년

10월 3일 페늘롱Fénelon 고등학교에 나이보다 두 학년 위로 편입합니다.

1925년

6월 철학 전공으로 대학입학자격시험에 합격합니다.

10월 고등사범학교 입학시험을 준비하기 위해 앙리 4세 고등학교 상급반에 입학하고, 3년 동안 알랭Alain(본명은 에밀 샤르티에)의 강의를 듣습니다.

1928년

10월 윌므 가에 있는 고등사범학교에 입학합니다. 계속 알랭의 강의를 듣습니다.

1929년

1월 또는 2월 인권동맹에 가입합니다.

10월 고급연구학위Diplôme d'études supérieures 논문「데카르트에게서 과학과 지각」을 쓰기 시작합니다.

1930년

7월 고급연구학위 논문이 지도교수인 레옹 브렁슈빅Léon Brunschvicg에게서 낮은 점수(11/20)를 받고 통과됩니다.

1931년

7월 교수자격시험에 합격합니다. 프랑스 중남부의 르 퓌Le Puy 여자

고등학교 교수professeur로 임명됩니다.

9월 15~18일 노동총동맹CGT 27차 대회에 참여합니다. 토론의 중심 주제는 노동조합들의 연합에 대한 것이었습니다. 베유는 『리브르 포로포Libres Propos』 10월호에 참관기를 씁니다. 프랑스 공산당을 이탈한 노동조합 활동가들이 주축을 이룬 잡지인 『프롤레타리아 혁명』의 관련자들과 친교를 맺습니다.

9월 30일 르 퓌로 이사합니다.

10월 노동조합 활동가들과 밀접한 관계를 맺습니다. 노동총동맹 소속 전국교사노조에 가입합니다.

11월 여러 노동조합의 연합체를 조직합니다. 이는 '22인 그룹'의 결의를 뒤쫓은 것입니다. 노동총동맹과 통일노동총동맹CGTU은 이 결의에 반대합니다. 이후 베유는 여러 노동조합의 단일 노선을 지지하는 입장을 견지합니다.

12월 17일 실업자들과 함께 르 퓌 시의회 회의장에 쳐들어가 발언을 합니다. 베유의 이런 행위는 논란의 대상이 됩니다.

12월 30일 실업자들과 함께 다시 시의회 회의장으로 쳐들어가지만 발언을 하지는 않습니다.

1932년

1월 12일 실업자들의 시위에서 경찰의 공격을 받습니다. 신문에서 베유를 '모스쿠테르moscoutaire'(모스크바의 지령을 받는 첩자)로 칭합니다. 하지만 베유는 얼마 뒤 부모에게 보낸 편지에서 "저를 모스쿠테르로 여깁니다. [⋯] 하지만 저는 점점 더 공산주의자들로부터 멀어지고 있습니다"라고 씁니다.

8월 베를린과 함부르크를 여행합니다. 몇 달 뒤 테브농Thévenon 부부에게 보낸 편지에서 "독일을 여행하면서 여태껏 공산당에 대해 그럼에도 갖고 있던 모든 존중심을 잃어버렸습니다"라고 씁니다.

10월 프랑스 중북부의 오세르Auxerre 고등학교로 옮깁니다.

11월 프랑스 공산당의 창립 멤버이고 1924년 축출된 보리스 수바린Boris Souvarine을 만납니다. 수바린이 이끄는 민주주의적 공산주의자 서클에 참여해 사람들과 친교를 맺습니다.

1933년

8월 25일 러시아 혁명의 실패를 다룬 『전망들. 우리는 프롤레타리아 혁명을 향해 가고 있는가』를 발표합니다.

10월 프랑스 중부의 로안Roanne 고등학교로 옮깁니다.

11월 『전쟁에 대한 성찰』을 발표합니다.

12월 2일 『소련의 문제』를 발표합니다.

12월 31일 트로츠키가 며칠 동안 베유 가족의 집에 숙식하면서 베유와 격렬한 논쟁을 벌입니다.

1934년

5월 수바린이 『스탈린』을 탈고합니다. 베유는 수바린을 도와 출판사를 물색합니다.

12월 『자유와 사회적 억압의 원인들에 대한 성찰』을 탈고합니다.
12월 4일 파리의 알스톰Alsthom 공장에 노동자로 취업합니다.

1935년

4월 5일 알스톰 공장을 그만둡니다.
4월 11일 파리 근교 불로뉴-비양쿠르Boulogne-Billancourt에 있는 바스-앵드르Basse-Indre 철공소에 노동자로 취업합니다.
5월 7일 철공소에서 해고됩니다.
6월 수바린의 책 『스탈린』이 출간됩니다.
6월 6일 불로뉴-비양쿠르의 르노 공장에 노동자로 취업합니다.
8월 23일 르노 공장을 그만둡니다. 이로써 공장 노동자 생활을 끝마칩니다.
10월 다시 교직에 복귀해서 프랑스 중부의 부르주Bourges 고등학교로 옮깁니다.

1936년

3월~4월 초 부르주 고등학교가 있는 셰르Cher 지역의 농촌에서 노동을 합니다.
6월 10일 「금속 노동자들의 삶과 파업」을 발표합니다.
8월 7일 기자 신분으로 스페인에 도착합니다.
8월 9일 바르셀로나에서 훌리안 고르킨Julián Gorkin을 비롯한 마르크스주의통일노동자당POUM(품)의 지도자들을 만납니다. 내전 발발 이후

실종된, 품의 창설자이자 수바린의 처남인 후아킨 마우린Joaquín Maurin 을 찾는 임무를 맡겠다고 제안하지만, 위험하다며 고르킨이 거절합니다.

8월 14~15일 아라공의 피냐Pina에 도착해서 부에나벤투라 두루티Buenaventura Durruti가 이끄는 다국적 아나키스트 중대에 합류하고 군사 작전에 참여합니다.

8월 20일 식사를 준비하는 시간에 끓는 기름이 가득한 냄비에 발을 잘못 디뎌 왼쪽 다리와 발목에 큰 화상을 입고 후송됩니다. 베유의 근시로 인해 생긴 사고입니다.

9월 25일 프랑스에 귀국해서 일 년 동안 학교를 휴직합니다. 그 뒤 자신이 속했던 부대원들이 전멸했다는 소식을 듣습니다.

1937년

2월 『프롤레타리아 혁명』에 실린 보고서에서 "공산당에 종속된 노동총동맹이 러시아 국가의 단순한 부속 기관이 됐다는 건 의심의 여지가 없다"고 말합니다.

3월 16일 「트로이아 전쟁을 다시 시작하지 맙시다」를 발표합니다.

10월 프랑스 북부의 생-캉탱Saint-Quentin 고등학교로 옮겨 복직하고, 『일리아스』에 대한 강의를 합니다.

1937년 말~1938년 초 미완성 원고인 「마르크스주의의 모순들에 대하여」를 씁니다. 베유는 이 글의 서두에서 이렇게 말합니다. "청소년기에 처음으로 『자본』을 읽었는데 매우 중요한 공백과 모순들이 곧바로 눈에 들어왔습니다. 그것들은 너무도 명백했지만, 마르크스주의를 지지하는 많은 뛰어난 정신이 그토록 명백한 비정합성과 공백 들을 파악하지 못할 리 없고 저술들을 통해 해결했으리라고 생각했기 때문에, 저 자신의 판단을 유보했습니다. 하지만 그 후로 마르크스주의 텍스트와 정당 들을 연구하면서 제 청소년기의 판단이 올바름을 확인했습니다. […] 마르크스, 엥겔스와 그 지지자들의 저술 전체는 독트린을 형성하지 못했습니다." 이런 생각은 1943년에 쓴 「마르크스주의적 독트린은 존재하는가」에서 체계적으로 제시됩니다.

1938년

1월 중순 심한 두통으로 학교를 휴직합니다.
3월 12일 히틀러가 오스트리아를 합병합니다.
4월 10~19일 솔렘Solesmes 수도원에 체류하면서, 그레고리안 성가를 듣고 "완전한 기쁨"을 느낍니다. 또 젊은 영국인으로부터 조지 허버트를 비롯한 17세기 영국 형이상학파 시인들을 소개받습니다. 파리로 돌아와 조지 허버트의 「사랑」을 읽고 큰 감동을 받습니다. 베유는 이 시가 "세상에서 가장 아름다운 시"라고 말합니다.
5월 말~8월 초 이탈리아를 여행하고 스위스를 거쳐 돌아옵니다.
12월 신비 체험을 합니다. 즉 "그 어떤 인간 존재보다도 더 밀접하고 더 확실하고 더 현실적인 [그리스도의] 현존"을 체험합니다.

1939년

3월 15일 독일군이 프라하에 입성합니다.

3월 말 「평가를 위한 성찰」을 씁니다. 이 글에서 베유는 그동안 견지했던 평화주의를 포기합니다.

4월 7일 이탈리아가 알바니아를 공격합니다.

5월 22일 독일과 이탈리아가 군사 동맹을 맺습니다.

8월 23일 독일과 소련이 불가침 조약을 맺습니다.

9월 1일 독일군이 폴란드를 침공합니다.

9월 3일 영국과 프랑스가 독일에 선전 포고를 합니다.

가을 「히틀러주의의 기원에 대한 몇 가지 성찰」과 「일리아스 또는 힘의 시」를 씁니다.

11월 30일 러시아가 핀란드를 공격합니다.

1940년

4월 9일 독일군이 덴마크와 노르웨이를 침공합니다.

5월 10일 독일군이 벨기에와 네덜란드를 침공합니다.

봄 『바가와드 기따』를 읽고 열광합니다. 희곡『구원받은 베니스』를 쓰기 시작했고 또 「최전선 간호사들의 양성 계획」을 쓰기 시작합니다.

6월 13일 베유 가족(베유와 부모)이 파리를 떠납니다.

6월 14일 독일군이 파리에 입성합니다.

6월 17일 프랑스 정부가 사실상의 항복 선언인 휴전 요청을 합니다.

7월 초 베유 가족이 비시에 도착합니다.

8월 말~9월 초 베유 가족이 툴루즈에 머뭅니다.

9월 15일 마르세유에 도착합니다. 곧바로 『남부 평론Les Cahiers du Sud』과 접촉합니다. 『남부 평론』은 독일이 프랑스 중북부를 점령한 이후 비시 정권의 지배하에 놓였던 남쪽의 이른바 '자유 지역'에서 지식인과 작가 들의 중요한 만남의 무대가 되었던 잡지입니다. 시인 장 토르텔Jean Tortel은 『남부 평론』 편집 회의에 참여한 시몬 베유가 특별한 정신적 힘을 가진 여성이었고 일찍 늙어 버렸으며 허리가 굽었고 거의 먹질 않아 깡말랐었다고 합니다.

10월 중순 부모와 함께 마르세유의 아름다운 해변에 접한 카탈랑Catanlans 가 8번지에 정착합니다. 피난길에 네베르Nevers에서 우연히 만난 수바린과 1941년 8월 그가 미국으로 떠날 때까지 여러 차례 만나고 또 편지를 교환합니다. 자신의 생각들을 노트에 적기 시작합니다. 이 노트들은 『전집』 VI-1~4권으로 출간됩니다. 귀스타브 티봉Gustave Thibon이 그 가운데 일부를 발췌해 1947년에 『중력과 은총』을 펴냅니다.

12월~1941년 1월 『남부 평론』에 「일리아스 또는 힘의 시」가 실립니다.

1941년

연초 앙리 4세 고등학교의 고등사범학교 준비반 동창생인 르네 도말René Daumal을 다시 만나고, 이미 산스크리트어를 공부하고 있던 그를 따라 산스크리트어를 배웁니다.

1월 카타리즘의 절멸을 다룬 「어떤 서사시를 통해 본 한 문명의 최후」를 씁니다.

1월 23일 카타리즘 전문가인 데오다 로셰Déodat Roché에게 편지를 씁니다.

1~2월 「가치의 개념을 둘러싼 몇 가지 성찰」을 씁니다.

4~5월 로베르 뷔르가스Robert Burgass가 이끄는 레지스탕스 조직에 가담한 혐의로 가택 수색을 당하고 여러 차례 경찰의 심문을 받지만 풀려납니다. 베유는 영국에 가기 위한 목적으로, 장 토르텔의 소개를 받아 이 조직에 가입했습니다. 뷔르가스는 4월 25일 체포되어 6년 형을 받고 1943년 감옥에서 죽습니다.

봄 「과학과 우리」를 씁니다.

6월 7일 페랭Perrin 신부를 만납니다. 그 뒤 페랭 신부와 종교적 문제들에 관해 정기적으로 토론을 벌입니다. 페랭 신부에게 농업 노동자로 일하고 싶다는 부탁을 하자, 그는 아비뇽 북쪽에 위치한 생-마르셀-다르데슈Saint-Marcel-d'Ardèche에서 농사를 짓던 가톨릭 작가 귀스타브 티봉을 소개해 줍니다.

6월 22일 독일군이 러시아를 침공합니다.

8월 7일 귀스타브 티봉의 농장에 도착해 농사일을 시작합니다. 티봉과 베유의 관계는 처음엔 많은 어려움이 있었지만 나중엔 밀접한 친구가 됩니다. 티봉은 베유의 첫인상을 "몸이 좀 구부정했으며 퍽 늙어 보였다"고 합니다. 베유는 론Rhône 강가의 낡고 작은 집에 머뭅니다.

9월 10~20일 부모와 함께 시스테롱Sisteron 북쪽에 위치한 르 포에le Poët에 머뭅니다. 『도덕경』을 읽고, 르네 도말과 함께 『우파니샤드』를 공부합니다. 시몬 페트르망과 이틀을 같이 지냅니다. 페트르망은 이때 베유에게서 "좀체로 느낄 수 없던 부드러움과 평온함"을 느꼈다고 합니다.

9월 22일~10월 22일 아비뇽 북쪽에 위치한 쥘리앙 드 페롤라Julian de Peyrolas에서 포도 수확을 합니다.

10월 23일 마르세유로 돌아옵니다.

1942년

1월 19일 페랭 신부에게 가톨릭 신자가 되기를 사양하는 편지를 보냅니다. 또 추신으로 세례 받기를 사양하는 편지를 보냅니다.

3월 「옥시타니아적 영감이란 어떤 것일까」를 씁니다.

3월 27일경 『남부 평론』의 편집자인 장 발라르Jean Ballard와 함께 카타리즘의 중심지였던 카르카손Carcassone으로 가서, 1차 대전 때 총상을 당해 하반신이 마비된 작가 조에 부스케Joë Bousquet를 두세 차례 만나고 또 카타리즘 전문가인 르네 넬리René Nelli를 만납니다.

4월 5일 이후 「신에 대한 사랑이라는 관점에서 학과 공부의 올바른 효용을 논함」을 씁니다.

4월 초반 「노아의 세 아들과 지중해 문명사」를 씁니다.

4월 말 「신의 사랑에 대한 무질서한 성찰들」과 「신의 사랑에 관한 무질서한 생각들」을 씁니다. 귀스타브 티봉에게 자신의 생각을 적은 노트들을 맡깁니다.

5월 초 「신에 대한 암묵적 사랑의 형태들」과 「신을 향한 사랑과 불행」의 전반부를 씁니다.

5월 12일 조에 부스케에게 작별의 편지를 보냅니다.

5월 12~14일(?) 페랭 신부에게 작별의 편지('영적 자서전')를 보냅니다.

5월 14일 뉴욕을 향해 출발합니다.

5월 15일경 「주기도문에 대하여」를 씁니다.

5월 18일 알제리의 오랑Oran에 기항합니다.

5월 20일~6월 7일 모로코의 카사블랑카에 기항합니다. 그 사이 「피타고라스 학파의 텍스트들에 대한 주해」를 쓰고 또 「신을 향한 사랑과 불행」 후반부를 완성합니다.

7월 6일 뉴욕에 도착합니다. 사회 연구를 위한 뉴스쿨 교수로 있던 자크 마리탱Jacques Maritain을 만나고, 그의 소개로 쿠튀리에Couturier 신부를 만납니다. 베유가 그 후 쿠튀리에 신부에게 보낸 편지가 나중에 「어느 성직자에게 보낸 편지」라는 제목으로 출간됩니다.

7월 28~30일 런던에 있는 프랑스 망명 정부('자유 프랑스')에 참여하기 위해 자크 수스텔Jacques Soustelle과 모리스 쉬망Maurice Schumann에게 편지를 씁니다. 수스텔은 고등사범학교에서 약간의 면식이 있었던 인류학자로 망명 정부 중앙정보행동국BCRA의 책임자이고, 모리스 쉬망은 앙리 4세 고등학교에서 알랭의 수업을 같이 들은 후배이자 망명 정부의 대변인입니다. 결국 이들의 도움으로 베유는 런던의 망명 정부에 참여하게 됩니다.

10월 나중에 『초자연적 인식』이라는 제목으로 출간되고 다시 『전집』 VI-4권을 이룰 노트들을 씁니다.

11월 10일 영국으로 출발합니다.

11월 25일 리버풀에 도착합니다. 신원 조사를 위해 18일 동안 억류됩니다.

12월 14일 런던에 도착합니다. 이후 망명 정부 내무부의 기안자起案者, rédactrice로 임명되어 여러 위원회에서 올라오는 보고서를 분석하고 논평하는 일을 맡습니다. 하지만 상급자인 프랑시스-루이 클로종Francis-Louis Closon은 그 후 베유에게 쓰고 싶은 글들을 자유롭게 쓰게 합니다. 그리하여 베유는 『뿌리 내림』, 「모든 정당의 폐기에 대한 노트」, 「마르크스주의적 독트린은 존재하는가」를 비롯하여 전후 프랑스의 재건에 관한 여러 편의 글을 씁니다. 그 가운데 「반란에 대한 고찰」은 프랑스에 전국 레지스탕스 위원회를 결성하는 데 기여합니다. 하지만 베유의 대부분 글은 사람들에게 비현실적으로 여겨집니다. 법학자이자 국회의원이었고 망명 정부 노동부 위원이었던 앙드레 필립André Philip은 베유의 글들이 구체적이지 않다고 합니다. 베유는 또 「개인성과 성스러움」 같은 중요한 신학적인 글도 씁니다.

1943년

1월 런던 도착 이후 자원 활동가들의 숙소에 머물다가, 런던 홀랜드 파크 북쪽의 빈민 지역인 포틀랜드 가 31번지 프랜시스 부인 집 위층에 방을 구합니다. 프랜시스 부인과는 다정한 친구가 되고, 부인의 두 아들인 열네 살 데이비드와 아홉 살 존은 공부를 돌봐 준 베유를 무척

따릅니다. 베유는 프랑스에 낙하산을 타고 침투해 활동하길 원하지만, 클로종은 다른 사람들까지 위험에 처하게 할 수 있다며 거절합니다. 2월 중순~3월 중순 고등사범학교에서 알게 된 수학자이자 과학철학자 장 카바예스Jean Cavaillès를 다시 만납니다. 카바예스는 프랑스에 잠입하고 싶어 하는 베유를 만류합니다. 카바예스 자신은 레지스탕스의 일원으로 1944년 독일군에게 처형됩니다.

4월 15일 방에서 의식을 잃은 채 발견되어 런던의 미들섹스Middlesex 병원에 입원합니다. 폐결핵 진단을 받습니다.

5월 말 산스크리트어로 『바가와드 기따』를 읽습니다.

7월 26일 헤게모니를 가지려는 드골주의의 흐름에 반대해서, 클로종에게 사직서를 보냅니다. 드골주의에 관해 모리스 쉬망과 격렬한 논쟁을 벌입니다.

8월 17일 켄트Kent주 애슈퍼드Ashford에 있는 그로브너Grosvenor 요양원으로 옮깁니다. 창밖의 경치가 좋아 "아름다운 방에서 죽게 되었다"고 말합니다.

8월 24일 밤 10시 반경 심장 마비로 죽습니다.

8월 30일 애슈퍼드에 있는 가톨릭 묘지에 시신이 묻힙니다. 모리스 쉬망, 프랜시스 부인, 클로종 부인, 쉬잔 아롱Suzanne Aron 등이 장례식에 참여합니다.